MÁRCIO FABRI DOS ANJOS
SONIA DE ITOZ
SÉRGIO R. A. JUNQUEIRA

PASTORAL ESCOLAR
Práticas e Provocações

EDITORA
SANTUÁRIO

DIREÇÃO EDITORIAL: Pe. Fábio Evaristo Resende Silva, C.Ss.R.
EDITOR: Avelino Grassi
COORDENAÇÃO EDITORIAL: Ana Lúcia de Castro Leite
DIAGRAMAÇÃO E CAPA: Mauricio Pereira

Dados Internacionais de Catalogação na Publicação (CIP)
(Câmara Brasileira do Livro, SP, Brasil)

Anjos, Márcio Fabri dos
    Pastoral escolar: práticas e provocações / Márcio Fabri dos Anjos, Sonia de Itoz, Sérgio R. A. Junqueira. – Aparecida, SP: Editora Santuário, 2015.

    Bibliografia.
    ISBN 978-85-369-0377-4

    1. Evangelização 2. Igreja – Trabalho com estudantes 3. Teologia pastoral I. Itoz, Sonia de. II. Junqueira, Sérgio R. A. III. Título.

15-04302   CDD-253.7

Índices para catálogo sistemático:

1. Pastoral escolar: Cristianismo 253.7

1ª impressão - 2015

Todos os direitos reservados à **EDITORA SANTUÁRIO** – 2015

Composição, CTcP, impressão e acabamento:
Editora Santuário - Rua Pe. Claro Monteiro, 342
12570-000 – Aparecida-SP – Tel. (12) 3104-2000

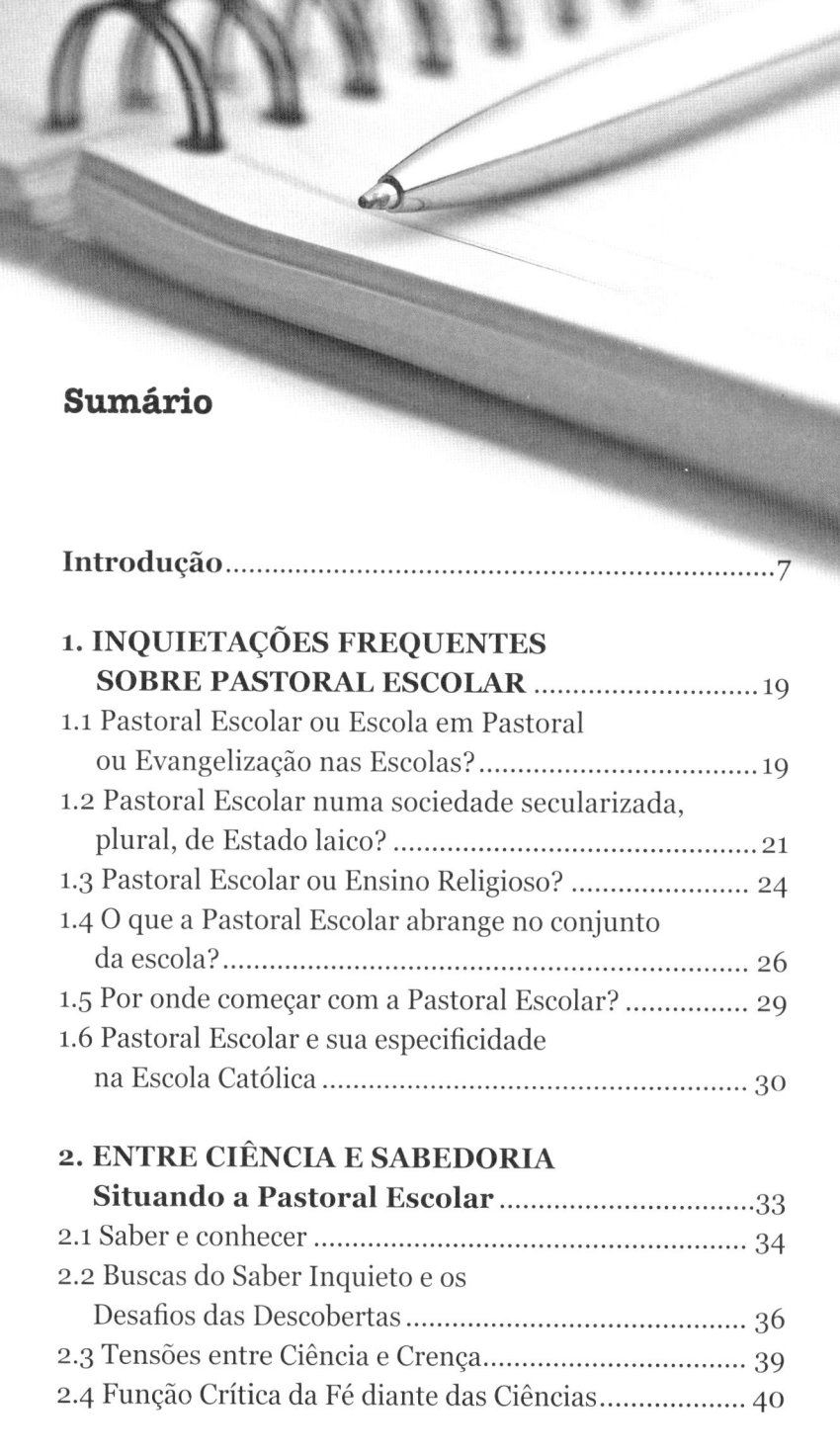

Sumário

Introdução 7

**1. INQUIETAÇÕES FREQUENTES
SOBRE PASTORAL ESCOLAR** 19
1.1 Pastoral Escolar ou Escola em Pastoral
ou Evangelização nas Escolas? 19
1.2 Pastoral Escolar numa sociedade secularizada,
plural, de Estado laico? 21
1.3 Pastoral Escolar ou Ensino Religioso? 24
1.4 O que a Pastoral Escolar abrange no conjunto
da escola? 26
1.5 Por onde começar com a Pastoral Escolar? 29
1.6 Pastoral Escolar e sua especificidade
na Escola Católica 30

**2. ENTRE CIÊNCIA E SABEDORIA
Situando a Pastoral Escolar** 33
2.1 Saber e conhecer 34
2.2 Buscas do Saber Inquieto e os
Desafios das Descobertas 36
2.3 Tensões entre Ciência e Crença 39
2.4 Função Crítica da Fé diante das Ciências 40

3. FACES E INTERFACES QUE DESAFIAM............45
3.1 Subjetividade e Individualidade................................ 46
3.2 Da subjetividade ao Pluralismo
e à crise das Identidades 49
3.3 Nativos digitais 52
3.4 Entre a abundância e a Inequidade............................55

**4. PARÂMETROS CRISTÃOS
DA PASTORAL ESCOLAR**.. 61
4.1 Representações sobre Deus e o Ser Humano 65
4.2 Jesus, divino e humano 71
4.3 O Espírito Santo 79

**5. PARÂMETROS COMUNITÁRIOS
E IDENTIDADE**... 83
5.1 A escola e sua pastoral na sociedade plural 85
5.2 Parâmetros Eclesiais de Comunidade cristã 88
    a - Somos Igreja 89
    b - Maria, Mãe de Jesus 93
    c - Os santos e santas 95
    d - Identidade católica da escola 98

**6. ESPAÇOS ANTROPOLÓGICOS
DA PASTORAL** 101
Espaços na condição humana da comunicação............102
Opções transversais implícitas 104
Pastoral e humanização dos espaços 106

**7. ESPAÇOS DE INTERAÇÃO
DA PASTORAL ESCOLAR**......................................111
Com os alunos de cada segmento 112
Com grupos específicos de alunos e ex-alunos............... 115

Com os professores e pessoal
de serviços na infraestrutura 116
Com os familiares responsáveis pelos alunos 118
Com equipes de direção e gestão escolar 119
Indo além do âmbito escolar e... de si mesmo 121
Momentos e Oportunidades 124

8. PLANEJANDO A PASTORAL ESCOLAR 127
Uma base fundamental.. 127
Plano de Atuação da Pastoral e Planejamento
    das Ações 130
Implementando um Plano de Pastoral Escolar............... 132
Para que aconteça o Plano de Atuação
da Pastoral Escolar 137

Conclusão 141
Referências e Indicações Bibliográficas 147
Sobre os Autores 151

Introdução

Vamos introduzir este livro ao nosso imaginário. Tudo está mudando muito rapidamente e os cenários ficam diferentes e de repente viram um quebra-cabeça. Aí é preciso criatividade para imaginar e interpretar. Mas é preciso também ter critérios, horizontes de referência, valores pelos quais nos guiamos na imaginação. Caso contrário, viajamos no escuro. Ou então adotamos critérios e valores de outros, sem perceber que não são nossos. Isso seria desastroso para nossa identidade e autonomia.

A pastoral escolar faz parte desses cenários em mutação. Temos uma identidade cristã pela qual nos guiamos. Mas o contexto arrumadinho das nossas identidades bem definidas e reguladas ficou embaralhado pelo pluralismo social e cultural. As convicções e pertenças religiosas se misturaram muito e se matricularam em nossas escolas. Diante desse fato novo, ainda tem sentido a pastoral escolar? Ou é questão de repensá-la e recalibrar seus referenciais neste indispensável desafio de cuidar?

De fato, *pastoral* significa substancialmente *cuidar*, pois é uma antiga analogia tirada de quem cuida das ovelhas. Longe de estar superada, a necessidade de cuidar se apresenta hoje de modo mais agudo e abrangente. Os problemas ecológicos evidenciam a necessidade de cuidar do planeta. As guerras e crescentes formas de violência sinalizam a urgente necessidade de cuidar do ambiente socioglobal. E assim chegamos às instituições de cuidado e às pessoas. Então, mesmo fora das bordas religiosas, cuidar é preciso, chame-se isto de *pastoral* ou não.

A missão e responsabilidade de *cuidar* estão nas convicções do cristianismo, desde suas mais remotas origens. As grandes narrativas de Gênesis, na Bíblia, descrevem com lindas cores esta sabedoria. Criados à *imagem e semelhança de Deus* os seres humanos são inteligentes com a missão de cuidar do mundo e de seus semelhantes. A maldade e destruição surgem quando o fechamento nos próprios interesses viola a responsabilidade do cuidar. O sangue derramado clama contra o agressor. Na expressão de S. Paulo, toda a natureza, submetida à violência, *grita como que em dores de parto* para ser ajudada a se libertar.

Nesse contexto mais amplo da sabedoria bíblica, Jesus vem mostrar com sua própria vida a radicalidade do que significa cuidar. Sintetiza, na figura do *pastor*, a fundamental atitude comunicativa de vida, nas mais diferentes situações de necessidade das pessoas e de seus grupos sociais. Não se omite de cuidar, nem diante de injustiças ameaçadoras que o levam à crucifixão. De fato, omitir-se é também uma forma de violar a missão de cuidar.

Deve-se então dizer que a *pastoral*, na missão de cuidar, faz parte da essência do cristianismo. Uma escola terá características tanto mais cristãs, quanto mais assumir as atitudes cristãs do cuidar. O distanciamento dessas atitudes, ao contrário, desautoriza toda escola de se pretender cristã, mesmo que fosse conduzida por alguma comunidade que se apresente como cristã.

Mas qual o sentido ou o horizonte básico dessas atitudes *cristãs*? Aqui você entra com a sua interação participativa. Escolhemos quatro sinais relatados nos Evangelhos que parecem provocativos ao nosso imaginário sobre o desafio da pastoral na escola. Vamos descrever sucintamente cada um deles e você completa os detalhes com o texto bíblico original, se quiser. Depois damos algumas dicas de interpretação, mas o principal será você ativar seu imaginário para se perguntar no que estes relatos bíblicos podem estar relacionados com a pastoral escolar que visamos estudar.

1. A prática pode corrigir a teoria (Lc 10,25-37)

Um especialista em regras de vida perguntou uma vez a Jesus qual seria o maior dos mandamentos, e Jesus respondeu que era o amor a Deus e ao próximo. Ele voltou com uma pergunta teórica: *quem é meu próximo?* Em vez de resposta teórica, Jesus trouxe um caso prático:

Um homem descia de Jerusalém para Jericó e foi assaltado, e deixado quase morto. Desceram também por aquele caminho um sacerdote e depois um levita, que viram o ferido, mas seguiram adiante. Em seguida passou por ali um samaritano que viu, teve compaixão e cuidou do ferido; colocou-o sobre o animal que cavalgava e o levou para um tipo de hospital da época; pagou, adiantado, duas diárias pelo cuidado do ferido e se comprometeu a pagar outras mais se fosse preciso. E então Jesus devolveu a pergunta corrigida: *quem se fez próximo daquele ferido?* E o especialista respondeu: *aquele que usou de misericórdia.*

Algumas dicas: Jerusalém era caracterizada pelo Templo, um lugar sagrado da época; Jericó era conhecida pela fabricação de cerâmicas, um lugar comercial e profano. Os casos da vida estão no meio do caminho e escapam aos rótulos do sagrado e do profano. Esses rótulos não garantem as atitudes cristãs do cuidar. O cuidador, um heterodoxo religioso, tem compaixão, muda o roteiro de sua viagem, abre mão do conforto de sua montaria, assume gastos. É possível cuidar, sem uma boa dose de gratuidade? Cuidar exige ir além dos sentimentos, agir de modo consciente e muitas vezes buscar parcerias. Jesus desequilibra a pergunta teórica sobre *quem é o próximo*; na prática o desafio é *se fazer próximo*. Então a resposta significa tomar a iniciativa que nasce do compromisso pelos outros, numa atitude de *misericórdia*. Esta é a luz que precede as práticas caritativas. Trata-se de uma atitude que aguça nossas percepções, muda o código de nossas interpretações, confere vigor e criatividade à ação. Sem o olhar da bondade, não há chance de educação; nem a escola se toca pelo desafio da *pastoral*. No face a face com os alunos melhoramos nossas teorias.

2. Confusões levam a imaginar fantasmas (Mc 6,49)

Há um ensino de Jesus relatado através de símbolos que provocam nossa imaginação. Diz a narrativa que, após a multiplicação dos pães, Jesus forçou os discípulos a entrarem na barca e atravessarem o lago, enquanto ele ficou em terra, rezando. Era de tarde e veio a noite com muitos ventos e ondas no lago. Os discípulos estavam confusos e com medo. Então, pelas 4h da manhã Jesus veio até eles, caminhando sobre as águas. Aí ficaram com mais medo ainda, pois pensaram que era um fantasma. Mas Jesus se deu a conhecer, subiu na barca e tudo se acalmou. Mas o relato conclui que os discípulos ainda estavam inquietos porque continuavam sem entender o milagre da multiplicação dos pães.

Algumas dicas: A barca é um símbolo da comunidade cristã que rema pelas águas do mar da vida. O mundo é plural, cheio de ventos e tendências, muitas vezes contraditórias e violentas. Esse pluralismo afeta a barca e os discípulos. Há confusão e inseguranças. Jesus ficou em terra, isto é, morreu e está em Deus. Mas ressuscitou na madrugada, trazendo luz e esperança. Agora, no meio da confusão da vida, a comunidade o pode ver ressuscitado, em novos tempos de grandes mudanças culturais. Aí vêm a dúvida e o medo: é Ele mesmo ou é um fantasma? A chave da resposta está no milagre da multiplicação dos pães. Ali Jesus ensinou que as carências da Humanidade podem ser milagrosamente resolvidas através do espírito e dinâmica de partilha dos recursos. Há fantasmas concentradores e violentos; outros são fascinantes e pirotécnicos, mas vazios. Educar para valores consistentes é um enorme desafio. De repente aqui está um sugestivo programa de pastoral escolar.

3. Missão quase impossível (Mc 1,40-45)

Os Evangelhos trazem inúmeros relatos sobre milagres de Jesus. Todos são impactantes e deixam a impressão de algo impossível para os poderes humanos. Mas esses relatos podem surpreender. Vejamos o milagre da cura de um leproso. Diz o texto que um dia um leproso se aproximou de Jesus, ajoelhou-se e lhe disse: "Se queres, tens o poder de me curar". A reação de Jesus foi ter compaixão, e não obstante os problemas de contágio, tocou nele. E então disse: "Eu quero: fica curado!". E de fato ele sarou. Jesus insistiu com ele que não contasse a ninguém sobre quem o havia curado, mas fosse cumprir as comprovações legais referentes à sua saúde, para voltar ao convívio social. Mas o que era leproso, agora curado, não se conteve e contou para todo mundo. Resultou que Jesus já não podia mais aparecer em público nas cidades e ficava mais nas periferias e lugares desertos, aonde muita gente vinha procurá-lo.

Algumas dicas: O termo *milagre* é uma tradução do texto original em Grego, que basicamente significa *sinal*; passando pelo Latim, *milagre* significa um *sinal admirável de se ver*. Os Evangelhos usam o termo *milagre* no sentido de *sinal* da ação de Deus. Mas como Deus age? Logo se verá. O leproso é, no relato, um símbolo extremo das necessidades humanas: é uma doença incurável que debilita; é contagiosa e por isso o discrimina na sociedade; e além disso, pela mentalidade do tempo achavam que a doença era castigo de Deus por algum mal que ele ou seus antepassados haviam cometido. Jesus é a manifestação do Amor que cura e Mestre que ensina a curar. A curiosa forma de o leproso pedir, dizendo *se queres, podes*, é uma referência ao poder de Jesus e dos cristãos seguidores de Jesus. De joelhos, o leproso é símbolo de todo tipo de fragilidade e mal que atinge as pessoas no mundo. A condição para poder curar é a compaixão: ver e reconhecer na situação do outro um espelho possível de nós mesmos; e então se decidir: *eu quero*. A Humanidade está dotada do poder de *cura* e superação dos males? Sem dúvida. Além da criatividade de cada inteligência, vejam o avanço das ciências em todas as direções. Mas o uso desse poder é outro assunto. O jogo forte dos interesses o subordina ao benefício próprio. Não é o caso de Jesus, que não visa fama pessoal nem centralização do poder, mas que o bem se faça. Assim o discípulo de Jesus não aprenderá seu espírito de *compaixão* no centro da *cidade*, isto é, das atenções humanas, do si mesmo. Deve buscá-lo na periferia do *si mesmo*, no deserto, para reconhecer as fragilidades e necessidades uns dos outros. As necessidades estão aí, e são de todo tipo; o poder já temos, e é crescente; falta só aprender a querer.

4. O milagre da partilha (Mt 14,13-21; 15,32-39; Mc 6,30-44; 8,1-10; Lc 9,10-17; Jo 6,1-13)

Existe nos Evangelhos um milagre relatado seis vezes, o que denota o quanto foi entendido pelas primeiras comunidades cristãs como sendo central no ensino de Jesus. Trata-se da multiplicação dos pães. Os relatos trazem detalhes variados, conforme as conotações que a comunidades associam ao que aprendem. Não se trata de entrar aqui em análises comparativas e críticas, mas parece útil colher alguns elementos centrais que possam fecundar a reflexão sobre pastoral escolar. Em síntese, os relatos dizem: Jesus foi com seus discípulos para um lugar afastado das cidades, próximo a um lago; e uma multidão de gente foi procurar por ele. Jesus viu as necessidades daquela gente, teve compaixão, pois *pareciam ovelhas sem pastor*. E então passou a ensinar o povo e curava seus doentes. Chegando ao final da tarde, sendo um lugar deserto, surgiu o problema da alimentação. Alguns sugeriam mandar logo o povo embora para cada um cuidar de suas necessidades. Mas Jesus disse com decisão que não era preciso ir embora, e que era possível cuidar ali mesmo da necessidade. Os discípulos sorriam: tinham apenas uns cinco a sete pães e uns peixinhos; era uma migalha para aquela multidão de gente. Mas Jesus disse que o povo se assentasse sobre a relva verde que havia no lugar, e que lhe trouxessem os poucos pães e peixes. Tomou-os nas mãos, levantou os olhos para o céu e os abençoou; e partindo os pães o deu a seus discípulos e eles para a multidão de gente. Todos comeram e ainda recolheram bem de uns sete a doze cestos com as sobras.

Algumas dicas: Uma variação de detalhes sobre a localização do sinal mostra que com o relato se aprende um ensinamento de incidência social: situado em um lado do lago está o povo de Israel, composto de doze tribos, no qual o relato termina com a coleta de doze cestos com as sobras; situado do outro lado do lago estão as sete nações de Canaã, e o relato conclui com sete cestos de sobras. Aprende-se também não se pode contar com que o espírito da compaixão e disposição à solidariedade e mútua ajuda esteja no centro das atenções e interesses; mas pode ser encontrado no *deserto* que revela as necessidades comuns a todos. O relato ensina dois aspectos surpreendentes no enfrentamento das necessidades. Coloca o sinal por referência a um lago de água potável e piscoso; e recomenda que a multidão se assente sobre a *relva verde* ali abundante; é um símbolo dos recursos disponíveis. Se olharmos para nossos tempos, estamos assentados em cima de imensos recursos tecnológicos e de materiais. O que falta então? Falta aprender a partilhar. Aqui está o centro do ensino de Jesus, embora isto seja inaceitável para muitos, como consta nos Evangelhos. Pelas mãos dos discípulos passa a partilha para a multidão; e não podem esperar ou exigir que todos recebam a ajuda com espírito de partilha. Partilhando ensinam a partilhar. E sem espírito de partilha não se pode ser cristão.

5. Uma trajetória para pensar a pastoral escolar

Com este breve contato com o Evangelho de Jesus, queremos sugerir uma trajetória para pensar a pastoral escolar. Há muitos preconceitos que cercam esse tema, e levam a ideia de pastoral para um enfoque estritamente religioso e voltado para os interesses institucionais da Igreja. Aqui indicamos como é possível assumir com grande coerência evangélica uma estreita relação entre as dimensões da fé e as mais concretas experiências de vida. A identidade cristã e as exigências da fé se entrelaçam com os desafios e exigências da vida real, de seus contextos sociais e das condições individuais.

Organizamos os conteúdos deste livro partindo de questões e inquietações muito frequentes sobre a pastoral escolar, a começar por suas variações de conceito. Em seguida procuramos situar a pastoral nas interfaces específicas da educação integral e do ensino formal que desafiam a escola. Nesse ponto identificamos a tensão entre *ciência* e *sabedoria* que se presta para explicitar onde entra a pastoral escolar dentro de uma instituição voltada para a educação. O momento sociocultural em que vivemos constitui o espaço em que esta tensão se dá e toma cores concretas; por isso se torna um passo indispensável para desenhar os contornos em que se insere a pastoral escolar.

Feita esta primeira etapa, podemos focar a atenção sobre concepções relacionadas com a própria pastoral.

Encontramos a necessidade de esclarecer algumas bases cristãs para entender melhor o alcance do conceito *pastoral*, pois as convicções religiosas marcam inevitavelmente a qualidade das propostas de ação no ambiente escolar. As representações de Deus e a essência do ensino de Jesus são certamente um marco fundamental na definição de linhas da ação pastoral. Mas se somam com as bases comunitárias em que se tecem as representações e convicções, e a partir de onde se entende a identidade católica da escola dentro da sociedade plural. Com esta trajetória podemos chegar a algumas propostas concretas sobre a pastoral escolar em seus espaços de ação e em seus planejamentos e projeções.

Os elementos aqui presentes visam subsidiar a quem vai se encarregar diretamente da pastoral escolar. Mas pretendem contribuir também para que os membros da comunidade escolar, inclusive os familiares de alunos, possam entender melhor o ambiente global da escola e as opções que ali se fazem a partir de sua identidade católica. Este livro não se propõe ser um manual de exposição sistemática, feito para mostrar discussões e tendências teóricas. Busca ser uma contribuição propositiva para ser lida de modo ágil, tendo em conta a heterogeneidade de agentes da pastoral escolar em nosso contexto atual. Limitamos ao máximo as citações, as notas de rodapé, e as referências bibliográficas, mas confiamos no interesse por aprofundamentos através de leituras, participação em eventos e cursos afins.

A criatividade de quem atua nos serviços escolares é indispensável para complementar e mesmo ampliar as sugestões e propostas aqui apresentadas. A forma propositiva que assumimos certamente encontrará, na diversidade dos que atuam na pastoral escolar, diferentes pressupostos teóricos e concepções religiosas; e sem dúvida poderá interagir com práticas e experiências que podem enriquecer muito a compreensão e as tarefas cristãs no ambiente escolar. É nesta "biodiversidade" de teorias e práticas que podemos crescer. E quem sabe, mais adiante, estaremos incorporando tais colaborações em uma nova edição.

1

Inquietações frequentes sobre Pastoral Escolar

Para maior transparência nas propostas deste livro, é preciso começar por algumas dúvidas e perguntas frequentes sobre *pastoral escolar*. Assim ganhamos em clareza e consciência sobre o que está implicado; e também teremos mais segurança de que vale a pena investir tempo e energia neste assunto. Por agora vamos marcar posições de modo rápido e direto, na expectativa de que os próximos capítulos tragam melhores fundamentos no esclarecimento destas questões e afirmações iniciais.

1.1. Pastoral Escolar ou Escola em Pastoral ou Evangelização nas Escolas?

Tivemos dúvidas iniciais sobre qual seria o título mais adequado. Mas amadurecemos uma percepção que se torna proposta na construção do que expomos neste livro. As expressões tomam diferentes sentidos dentro da dinâmica constante de nossas linguagens. Assim, *pastoral* fica às vezes muito colada a uma ideia de atividade paroquial, não conveniente para o ambiente escolar. Mas *evangelização* também passa por problema semelhante ao carregar conotações de catequização ou atividade meio sectária para ganhar adeptos. Ao serem melhorados em seus sentidos, os dois termos se tornam convergentes e com boa consistência de significado cristão.

Ao adotar o termo *pastoral*, procuramos recuperar com ele o sentido original assumido por Jesus para expressar o compromisso e missão do *cuidar*. E pensamos também que isto seria um modo de não se conformar com a corrupção que ocorreu no sentido original cristão de *pastoral*. Além disso, o conceito de *cuidar* se torna muito atual em nossos dias e que ganhou força ao se reconhecer que o bem estar não consiste simplesmente em ausência de doenças, mas na qualidade do viver as diferentes etapas e contextos da vida. Hoje, o *cuidar* se tornou um conceito denso que abrange a qualidade de vida global. A OMS – Organização Mundial da Saúde – tem contribuído muito nesta direção, e em 2003 ressaltou apropriadamente quatro áreas em que a qualidade de vida se constroi através de indispensáveis condições: *físicas e fisiológicas; mentais; socioambientais; e espirituais*. A distinção entre o *mental* e o *espiritual* ajuda a chamar a atenção para a constante elaboração de sentidos e significados indispensáveis para a condução de boa qualidade em nossa vida.

A pastoral escolar é um tipo de cuidar que se soma às múltiplas formas do cuidar necessárias à vida. É, portanto, uma ação estreitamente referente ao conjunto humanitário da vida, das formas familiares, interpessoais, cidadãs, governamentais e não governamentais. A originalidade do termo *pastoral* foi buscada por Jesus na analogia com um dedicado pastor de ovelhas, capaz até de se arriscar para cuidar delas e defendê-las. Conota o interesse centrado no bem das pessoas com as quais se relaciona, e se expressa em gestos concretos. Estes gestos revelam os sentidos e opções de vida religiosa das pessoas que conduzem a escola. Em termos de educação, o cuidar representa uma vigorosa linguagem na transmissão de valores. Assim, a *pastoral escolar* propicia o aprendizado de sentidos e atitudes que levam à solidariedade e ao compromisso com a construção do bem das pessoas e de seus contextos socioambientais. Sem gestos de *pastoral* uma escola não consegue mostrar que é cristã.

Então por que não dizer *escola em pastoral* ou *evangelização na escola*? Não há dúvida de que estas expressões são boas e pertinentes, pois se referem ao conjunto da ação educacional como uma ação portadora do serviço cuidadoso em favor das pessoas, um serviço *de boa notícia*, no sentido evangélico. O diferencial da *pastoral escolar* está em atribuir a ela o cuidar para que esse compromisso evangélico realmente não se perca em teorias ou bons desejos, mas se revista de fatos concretos. Em termos da Bioética moderna, entende-se a *pastoral escolar* com a incumbência "de cuidar dos cuidadores". Ao longo desta obra isto ficará certamente mais claro e explicitado.

1.2. Pastoral Escolar numa sociedade secularizada, plural, de Estado laico?

É uma boa pergunta, cheia de detalhes. E, ainda mais, pelo fato de nossas escolas se abrirem ao grande público. Ou seja, não se coloca o filtro da crença para a matrícula dos alunos. Tem sentido então falar de escola católica e desenvolver nela uma *pastoral escolar*? Vejamos alguns detalhes deste tema, em busca de esclarecimento.

a) A chamada *secularização* do ambiente sociocultural é basicamente um processo de mudança nas concepções do sagrado e no lugar social que as religiões convencionais vinham ocupando na sociedade. Especialmente enquanto as religiões gozavam de certa autonomia para interpretar o mundo, as pessoas e os sentidos da vida. A secularização, subsidiada pela ciência moderna, emerge com a irrupção da racionalidade humana como fonte de tal interpretação. Representa uma nova época de *iluminismo* (em Alemão, *Aufklärung*), em que as coisas se explicam pela razão e não pelas crenças.

Entretanto, grandes pensadores mostram hoje como a secularização não significa eliminar o *sagrado*, pois este integra a "estrutura da consciência humana" e não é simples fase de sua evolução[1]. E mostram como o *sagrado* persiste através de novas formas na vida das pessoas e de suas relações societárias. Observam, além disso, que a ênfase nas explicações racionais provoca um *desencantamento* de repercussões negativas sobre nosso prazer de viver. E que as religiões são grandes contribuidoras de metanarrativas indispensáveis para a transmissão dos horizontes de sentido que guiam a vida. Mais adiante ainda veremos como os filósofos da ciência mostram uma estreita e inevitável relação entre crença e ciência. Em síntese, a secularização trouxe de fato um novo momento para as relações da fé com a razão; mas não significa a eliminação da crença e do sagrado na vida das pessoas.

b) A condição plural da sociedade representa hoje uma nova forma de viver em meio ao pluralismo. Veremos

---

[1] ELIADE, Mircea. *O sagrado e o profano*: a essência das religiões, São Paulo: Martins Fontes, 1992.

adiante que esta mudança resulta de uma nova consciência sobre a autonomia dos sujeitos. Esse processo representa um grande desafio ético que estamos ainda aprendendo a assimilar: como respeitar e interagir construtivamente com nossas diferenças. Diferenças de gênero, étnicas, religiosas são algumas que hoje se evidenciam, entre tantas outras características de nossas subjetividades. Em boa ética se reconhece hoje a importância das diferenças através das quais se constrói o mosaico da vida social. É como uma biodiversidade social, benéfica enquanto criativa de várias possibilidades e defensiva contra um reducionismo a forma únicas que podem se tornar ditatoriais. Assim, é bom que as identidades religiosas se afirmem e se apresentem, pois a própria sociedade precisa delas.

A diferença, porém, está em viver de modo ético esta nova condição. Às vezes se suprime o apelativo ético da interação respeitosa, e a situação plural se transforma em arena de disputas das identidades ou em espaço de relativismo moral onde vale tudo. Às vezes também os católicos se tornam intimidados ou perplexos dentro da sociedade complexa; e terminam por achar mais adequado esconder sua identidade. Estes são alguns equívocos bastante recorrentes. Em poucas palavras, a identidade católica da pastoral escolar é chamada a dar sua contribuição dentro da pluralidade social; seria uma omissão, se não o fizesse; mas isto exige uma nova postura, que discutiremos mais adiante.

c) O estabelecimento do Estado *laico* é uma conquista do sistema democrático que pauta a ação do Estado de modo isento para administrar a pluralidade social, inclusive religiosa. Estado *laico* não significa sociedade laica, pois a sociedade continua sendo pluralmente religiosa. Significa principalmente que o Estado não se rege por razões religiosas hegemônicas, mas age em vista do povo e da coletividade plural. De fato, na sua raiz etimológica grega *laico* deriva de *laós* que significa *povo*. As diferentes confissões religiosas têm um caráter privado, mas prestam uma importante contribuição para a boa gestão da esfera pública quando conseguem trazer a público as razões de suas crenças. Podem deste modo se abrir a críticas construtivas e mostrar o bem público de que são portadoras. Existe neste sentido um esforço no Brasil hoje, em vista de dar corpo ao que se chama de *Teologia Pública*[2]. Então a pastoral escolar não se contrapõe a Estado *laico* desde que a afirmação de sua identidade se coloque como contribuição aberta à sociedade plural, secularizada.

1.3. Pastoral Escolar ou Ensino Religioso?

Tudo a ver entre si, mas são realidades que têm especificidades diferentes. O ensino religioso se propõe como uma disciplina, embora o momento nacional seja ainda de divergências sobre seus conteúdos e formas de a ministrar. *Escola em Pastoral* e *Pastoral Escolar* não são disciplinas da grade. Ambas têm sua fonte comum na *atitude* cristã do cuidar, para que seja guiado pelo compromisso com o outro, pela gratuidade e bondade.

– *Escola em Pastoral* é uma expressão que visa exatamente propor e assumir essa atitude como dinamismo para todas as atividades da Escola. De um modo ou de outro, toda a atividade escolar representa diferentes formas do cuidar, subdividida em diversas formas de serviços. A

---

[2] PASSOS, Decio (org). *Teologia pública;* reflexões sobre uma área de conhecimento e sua cidadania acadêmica. São Paulo: Paulinas, 2011.

atitude proposta diz respeito ao *espírito* com que entramos nessas e noutras relações. Os interesses e emoções são inevitáveis e mesmo necessários nas atividades humanas. Por isto oscilamos com certa facilidade entre centrar em nós ou nos outros o foco de nossos interesses. Sem um idealismo ingênuo a este respeito, espírito cristão entra com uma proposta de qualidade quanto ao *espírito* que conduz o agir. O conceito de *escola em pastoral* se torna importante para selar o compromisso de que todas as atividades da escola estejam marcadas a seu modo por este espírito e seja uma *evangelização* no bom sentido. Este compromisso geral supõe implementações concretas, para não se tornar uma simples aspiração ou apenas aparência. É preciso ter efetividade e explicitação.

– A *Pastoral Escolar* tem a tarefa básica dos cuidados necessários para explicitar, dinamizar e celebrar os sentidos e valores pelos quais se rege o conjunto da escola. Suas atribuições podem variar conforme o planejamento escolar. Entre as tarefas necessárias à escola será pertinente que a *pastoral escolar*, com métodos adequados e linguagem apropriada, possa: a) desenvolver atividades de potencialização dos docentes e funcionários no que se refere aos valores e sentidos humanitários assumidos pela escola, procurando assim *cuidar dos cuidadores*; b) contribuir para que os alunos aprofundem os sentidos e valores implicados nas diferentes disciplinas e atividades escolares, e em outras relações importantes para o aprendizado em suas fases de vida, como suas experiências familiares, sociais e ambientais; c) cuidar do ambiente humanitário na conjugação das relações entre os diferentes grupos e seus serviços na escola. Sem uma dinâmica atividade da *pastoral escolar*, será difícil perceber se há de fato uma *escola em pastoral*. E por outro lado, sem a firme decisão por uma *escola em pastoral*, a *pastoral escolar* se reduz facilmente a uma maquiagem.

1.4. O que a Pastoral Escolar abrange no conjunto da escola?

Esta pergunta ajuda a encarar com realismo e definição os espaços da *pastoral* na escola. Em geral as atribuições genéricas e fluidas acabam esvaziando a importância de um encargo. Isto ocorre às vezes com a pastoral escolar; e ela no fundo vai sendo tolerada quase como um desencargo de consciência. Seguindo o estilo deste capítulo, vamos proceder de forma sintética, deixando aprofundamentos para os capítulos seguintes.

Para entender a questão da abrangência da *pastoral* é preciso assumir que ela sempre diz respeito a sujeitos concretos em suas particularidades e ambientes. Se não mantiver uma postura de face a face com sujeitos concretos, a *pastoral* de modo geral se tornaria anônima no serviço de cuidar, faria jogos de cena, e estaria perdida na tarefa de elaborar um mínimo de planejamento.

Quando dizemos *sujeitos* não estamos nos reduzindo a indivíduos. Vamos distinguir na escola três categorias de sujeitos específicos: o sujeito *organizacional*, que consiste na instituição, com o conjunto de suas opções e estruturas; os sujeitos *coletivos*, p.ex. corpo diretivo, corpo docente, discente e pessoal de administração e serviços de infraestrutura; os sujeitos *individuais* com as particularidades das histórias e contextos pessoais. Claro: cabe perguntar também em qual das categorias se insere a equipe encarregada da *pastoral escolar*. A partir desta distinção básica convém buscar no rosto de cada grupo as características de seus *ambientes e contextos* que requerem cuidados ao alcance do planejamento pastoral. Em seguida vêm as questões de linguagem, método e iniciativas concretas que realizam as relações do cuidado pastoral escolar. Este quadro amplo se realiza naturalmente dentro dos limites possíveis; mas pode ser útil seja para sugerir frentes de atuação como também para se ter consciência dos limites organizacionais de uma pastoral escolar concreta.

Olhada através dos sujeitos com os quais se relaciona, parece mais fácil notar que a *pastoral escolar* constitui um aspecto entre vários outros que compõem o conjunto do cuidar. Em nosso contexto cultural específico, o cultivo de valores merece especial atenção. A escola é um organismo com a função social de iniciar e inserir o indivíduo no universo dos conhecimentos sistematizados no processo da história humana, garantindo a formação de um cidadão autônomo e participante na sociedade em que vive. Educar exige ir além do mero ensino. Educar exige abrir horizontes de sentidos, valores e objetivos que conferem vida à aprendizagem. É notória a crise de valores nos tempos modernos, e ela não pode ser adequadamente enfrentada sem a contribuição de diferentes iniciativas, sob pena de ficarmos reféns de ideologias dominantes.

A escola católica é chamada a dar sua contribuição nesse contexto. A realidade latino-americana, e nela a especificamente brasileira, desenha-se cheia de desigualdades e contradições éticas que desafiam os ideais democráticos, valores humanitários fundamentais e critérios éticos solidamente sustentados pelo cristianismo. Neste ambiente repleto de contrastes a escola católica faz suas escolhas em uma direção a ser cuidada, alimentada, construída. Começa pela decisão de empreender e sustentar um ambiente ético, de valores cristãos, que se fazem presentes no projeto pedagógico, nas relações, planejamentos e no conjunto da vida escolar.

Os diversos *sujeitos* que integram a realidade escolar se apresentam nela com diferentes concepções e interesses. Ao mesmo tempo em que isto significa um potencial de inovação, representa também uma questão de qualidade diante dos valores e princípios assumidos para guiar a escola católica. Entre os próprios membros da direção podem entrar concepções empresariais que se distanciem das diretivas básicas da escola. É inevitável e justo que professores e funcionários de modo geral tragam seus próprios interesses para suas atividades empregatícias na escola. Mas, mesmo que não se trate de renunciar a eles, persiste a necessidade de um alinhamento mínimo com os ideais da instituição que integram. Nisto precisam de ajuda e cuidado, onde a *pastoral escolar* se coloca como instância de serviço.

Os alunos naturalmente trazem consigo uma gama ainda maior de necessidades de ajuda, pelo maior número que representam, pelo processo educacional em que se encontram, pela rede de relações de que participam, a começar por seus familiares, colegas de escola, professores e funcionários e a inimaginável rede virtual de contatos.

Isto sugere para as iniciativas da pastoral escolar uma interessante gama de interações, que consideram os sujeitos concretos na vida da escola, e a partir deles também as pessoas, como os familiares, fatos e eventos da vida social, estruturas organizacionais como o projeto pedagógico em seu conjunto, as disciplinas da grade, o próprio ensino religioso; o ambiente moral vigente na escola. Não que a pastoral deva assumir os problemas dessas áreas, mas sim que desenvolva suas iniciativas considerando essa rede maior de interações.

1.5. Por onde começar com a Pastoral Escolar?

Para instaurar a pastoral escolar é preciso ter vontade política institucional, isto é, tomar a decisão de projetar uma *escola em pastoral* que pense e explicite os modos como isto se realizará. Mostramos acima como a *pastoral escolar* se insere nesta decisão e constitui uma instância necessária de sua implementação. Sua boa qualidade exige investir em pessoal, planejamento e infraestrutura. Não basta a boa vontade. É preciso iniciação, conhecimentos e atualização periódica na área, para que a equipe esteja consciente dos desafios e tarefas, e tenha criatividade para desenvolver suas atividades.

Existem alguns espaços e recursos da *pastoral* que podem se tornar armadilhas redutoras da sua ação. Entre estas estaria o uso predominante de momentos litúrgicos ou celebrações ecumênicas ou inter-religiosas de cunho religioso explícito. Respeitada a conveniência desses momentos, será fundamental que o cuidado pastoral se abra para a elaboração e celebração de sentidos condizentes com a visão cristã, mas não necessariamente marcados por uma conexão religiosa. Esta perspectiva se presta inclusive para o aprofundamento e celebração de grandes valores e sentidos de vida para além das particularidades religiosas. É interessante dar espaço para o envolvimento e a participação das famílias, desenvolver uma constante formação dos colaboradores em geral e dos docentes, provocar leituras e atualizações das perspectivas cristãs de vida em meio aos fatos e problemas, para que a ação educativa traga frutos pessoais e repercuta na sociedade.

Por outro lado é preciso também cuidar para que medidas estruturais, eventos e celebrações escolares não tomem formas em descompasso ou distanciamento com as linhas gerais da pastoral, o que representaria contradições internas. Isto ocorre com certa facilidade quando se confiam tais organizações a pessoas não suficientemente afinadas com os valores de referência da escola.

Por fim, vale talvez lembrar que a pastoral escolar não seja confundida com a catequese. Esta é uma atividade característica de iniciação à comunidade religiosa. Serviços de catequese podem até ser prestados para as comunidades religiosas locais, mas convém que sejam claramente distintos da pastoral escolar. Até mesmo em escolas *paroquiais*, isto é, de propriedade de uma paróquia, não convém que a pastoral escolar incorpore a catequese, inclusive para não desviar a própria catequese de suas características específicas.

1.6. Pastoral Escolar e sua especificidade na Escola Católica

Os princípios pelos quais se guia a escola católica na sua forma de *cuidar* lhe conferem uma especificidade. A visão cristã considera o ser humano integral, isto é, no conjunto de suas dimensões e possibilidades, como um ser em construção. Entende que somos seres incompletos e que precisamos da mútua ajuda para nos construir bem.

É compreensível que nossas atividades tenham objetivos imediatos mais focalizados, pois caso contrário se perderiam em generalidades. Mas tal condição reforça a necessidade de termos sentidos de vida que conjuguem as etapas e detalhes de nossos empreendimentos e ações, conferindo-lhes boa qualidade.

É bem verdade que os componentes curriculares têm objetivos predeterminados. Este é um desafio real para a educação de pessoas com senso crítico e capacidade construtiva da vida. Há uma exigência de mercado e um investimento significativo para o trabalho com conteúdos exigidos para os exames e vestibulares. Isto muitas vezes prejudica a tarefa de educar para construir valores éticos e morais e, nesse aspecto, a escola católica corre o risco de ter a mesma postura de escolas que se guiam simplesmente pelas leis do mercado e pelo jogo de interesses particulares. Fica o desafio de ensinar competências e educar para uma liberdade crítica. Assim, o processo educativo na escola católica se preocupa e se esforça, através de suas convicções e recursos, para desenvolver uma educação em favor do ser humano em suas diferentes dimensões de personalidade e convivência.

Há duas anotações práticas que merecem um comentário:

Especificidade não quer dizer exclusividade. Uma mesma linha de valores e atitudes pode ser assumida por diferentes grupos religiosos com nuances de enfoques e diferentes formas de propor. É importante manter tal consciência em vista de abertura para a percepção dos pontos de união, em meio às diferenças, e para somar esforços na direção dos mesmos sentidos e princípios partilhados na pluralidade. A atitude de abertura é inclusive uma fonte de crescimento, de autocrítica e de imaginação criativa.

Não exclusividade não quer dizer renúncia à própria identidade. A abertura e respeitosa interação diante das diferenças determinam atitudes que não devem representar renúncia à própria identidade católica. Isto seria contraditório com o princípio de respeitar as diferenças, o que significa também se respeitar. A qualidade da relação está na forma com que se estabelecem as interações. Será fundamental explicar os sentidos e significados básicos dos símbolos de sua identidade, com a abertura para se perceberem os pontos de encontro de tais sentidos em outras expressões humanas, religiosas ou não. Para evitar equívocos, as celebrações, sem a decidida participação de denominações não católicas, convêm não serem declaradas de *ecumênicas* ou como *inter-religiosas*. Tais celebrações exigem um preparo adequado, e mesmo neste caso a identidade católica estará ali expressa como espaço que promove e acolhe.

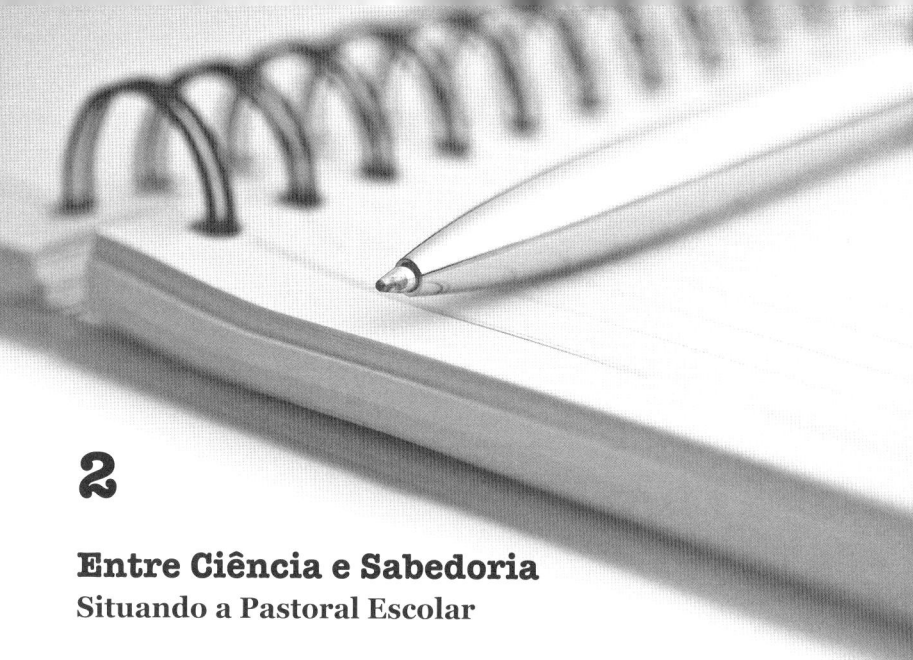

2

Entre Ciência e Sabedoria
Situando a Pastoral Escolar

> "A educação humaniza e personaliza o ser humano quando consegue que este desenvolva plenamente seu pensamento e sua liberdade, fazendo-o frutificar em hábitos de compreensão e em iniciativas de comunhão com a totalidade de ordem real. Dessa maneira, o ser humano humaniza seu mundo, produz cultura, transforma a sociedade e constrói a história" (Doc. de Aparecida, p. 149).

Há uma tensão entre ciência e sabedoria que é preciso esclarecer de começo, pois disso depende a interpretação sobre quem somos e os desafios e tarefas da educação. Nossa cultura é marcadamente científica e tecnológica. Isto significa que nossa forma de fazer está sendo profundamente alterada, de modo a transformar nosso próprio modo de ser. Muda a interpretação sobre o mundo e sobre nós mesmos. Que sentido e lugar tem a religião em uma sociedade tecnológica? E a pastoral escolar não seria um saudosismo anacrônico em nossos tempos? Estas questões permitem lançar bases em duas direções: compreender melhor as características das pessoas em nossos tempos, e o papel da pastoral escolar no contexto da educação destas pessoas.

2.1. Saber e conhecer

A educação é um eminente processo de crescimento no *saber*. A distinção entre *saber* e *conhecer* já foi feita de algum modo por antigos filósofos e persiste em nossos tempos. O *saber* diz respeito ao conjunto de formas pelas quais interpretamos a nós mesmos e os seres com os quais nos relacionamos. Significa, em seu sentido profundo, nos inserir nesta relação. Por isto, *saber* e *sabedoria* têm a mesma raiz etimológica de *sabor*, ao qual só chegamos através de uma relação de intimidade. O termo *conhecer* tem origem etimologia *con-nascer*; e assim tem inicialmente este mesmo significado de uma relação profunda com o outro. Um exemplo disto está na Bíblia que usa a palavra *conhecer* para se referir à relação generativa: "Adão conheceu Eva e gerou Henoc"; "Abraão conheceu Sarah e gerou Isaac". Veremos abaixo que o termo *conhecimento* recebeu a partir da Idade Moderna o significado mais voltado para a exterioridade, ou seja, os dados e informações obtidos pela análise das particularidades dos seres e de nós mesmos. No século XIV esta forma de conhecer foi chamada de *ciência moderna*; que apropriadamente se chama hoje de *conhecimento científico*. O problema é pensar que este modo *científico* de conhecer não é simplesmente um modo, sem dúvida importante, mas é o único modo confiável acima de todos os outros. Esta redução é criticada por inúmeros filósofos contemporâneos pelas distorções a que expõe a Humanidade, entre outras, ao uso violento do poder (Foucault[1]), ao jogo de interesses os mais diversos

---

[1] FOUCAULT, M. *Arqueologia do saber*, trad. Luiz Felipe Baeta Neves, 7ed, Rio de Janeiro: Forense Universitária, 2008.

(Japiassu[2]) e a um fascínio que compromete o equilíbrio da vida em sociedade (Bensaude)[3].

Em síntese, o *saber* ou a *sabedoria* é mais ampla do que o *conhecimento científico*, chamado hoje simplesmente de *ciência*. O equívoco está em reduzir o *saber à forma científica* como se esta fosse o único modo de conhecer. Pela *sabedoria* processamos e assimilamos os dados e informações do conhecimento científico para torná-los vida. É desastroso quando se tem conhecimento científico, sem sabedoria. É como um processo digestivo que não ocorre e se torna destrutivo. Nas mais antigas tradições da Humanidade, podemos identificar culturas que souberam integrar a *ciência* na *sabedoria*. As tradições latino-americanas são expressivas neste sentido.

Não há que negar a riqueza empolgante das conquistas científicas e tecnológicas. No conjunto da vida moderna, também os sistemas de aprendizado estão sendo com certeza beneficiados pelos novos recursos. Aqui o contundente desafio ao processo educativo consiste em facilitar esta espécie de *digestão* de sabedoria sobre o incrível e fascinante desenvolvimento de conhecimentos científicos e de recursos tecnológicos, para que tão importante fonte de energia seja assimilado em benefício da qualidade de vida das pessoas, de suas convivências sociais e ambientes.

As escolas se encontram frequentemente pressionadas pelas tendências culturais que privilegiam os aspectos técnicos da vida. Às vezes se curvam diante das demandas mais ou menos explícitas de simplesmente habilitar pessoas para competir nas formas de representação social,

---

[2] JAPIASSU, H. *Ciências, questões impertinentes*. São Paulo: Ideias e Letras, 2011.
[3] BENSAUDE-Vincent. *Vertigens da tecnociência*, trad. José Luiz Cazarotto, 1. ed., São Paulo Ideias & Letras, 2013.

nos vestibulares, no mercado de trabalho, nas formas de produção em geral. As dimensões antropológicas e ambientais, os valores, a ética, os sentidos e significados da vida ficam em segundo plano, ou até são silenciosamente considerados dispensáveis na educação. Essa mentalidade pode se introduzir veladamente nos projetos pedagógicos, nas atitudes de muitos professores e nas opções organizacionais, e na própria concepção e desempenho da pastoral escolar.

É, portanto, fundamental manter clara a consciência sobre a necessidade de alimentar o aprendizado em uma estreita relação entre ciência e sabedoria, para que a pastoral escolar encontre um ambiente institucional para seu desempenho e ao mesmo tempo um horizonte inspirador para suas atividades.

2.2. Buscas do Saber Inquieto e os Desafios das Descobertas

A História humana está marcada pela inquietação da procura. A emoção nas descobertas é às vezes agradável, às vezes pesada. Mas há sempre uma provocação que afeta os rumos de nossa vida após cada descoberta. Há três dimensões que merecem realce neste movimento constante de busca, onde a Humanidade se interroga sobre: os seres e suas particularidades; o si mesmo e suas relações; os sentidos e valores. Estas são três dimensões estreitamente conexas que desafiam o conhecimento, a sabedoria e o poder de lidar com elas. É praticamente indescritível como a Humanidade tem se desempenhado no enfrentamento deste desafio. As culturas e religiões, e a história do pensamento têm sido espaços privilegiados para mostrar as inúmeras tentativas de encontrar respostas para as questões fundamentais ali implicadas.

O contexto cultural chamado ocidental entrou em um revolucionário e longo processo de transformação do conhecimento chamado de *ciência moderna*, iniciado no século XIV. Abriu-se ali uma crise entre o saber através das essências e conceitos universais; e o conhecimento das particularidades dos seres. Dessa crise resulta o desenvolvimento progressivo do conhecimento sobre os fenômenos e particularidades dos seres. Progressivamente os seres todos vão sendo – e continuam sendo – estudados, analisados em seus detalhes. O próprio ser humano se torna um campo de análise particularmente atrativo.

A trajetória desta revolução do conhecimento vai trazendo questões novas não colocadas antes, e a necessidade de rever respostas antigas para as quais se descobrem novos dados. Os resultados desse processo revolucionam toda a construção de respostas que tínhamos sobre os seres, sobre nós próprios e nossas relações e sobre os sentidos e valores que nos guiam na vida. Um dos pontos importantes desse processo está no método com que esta forma de conhecimento se guia: duvidar da certeza, e a partir desta dúvida metódica, pesquisar as causas e fundamentos que nos dão uma certeza. Mas esta nova certeza será sempre provisória, pois o método do conhecimento científico é duvidar para se avançar nos conhecimentos.

Analisando esse processo, percebe-se que houve um grande deslocamento dos interesses do conhecimento. Ficam em segundo plano as preocupações pelas finalidades e destino do ser humano com seu ambiente, em favor de uma priorização sobre as causas explicativas dos fenômenos. Descobertas as causas, os fenômenos podem ser em parte controlados, direcionados, transformados em instrumentos. Abre-se o caminho para revoluções industriais e tecnológicas. As pessoas e sociedades passam a se guiar pelo fascínio da *razão instrumental*, expressão com que os pensadores nomeiam a priorização tecnológica sobre as razões provenientes das finalidades e sentidos do viver. O poder técnico se confunde com o poder ético. O saber científico, uma forma de saber, impõe-se como a única forma de saber. O método científico da dúvida se instaura como um parâmetro para todas as formas de saber, determinando o que se chamou de o *fim das certezas*[4].

As formas modernas de produzir conhecimento introduziram outros sujeitos e atores na interpretação sobre os seres e sobre nós próprios; e desencadearam transformações nas relações de poder em sociedade. O indivíduo humano é particularmente fortalecido, bem como as subjetividades de modo geral. Mas fortalecer os indivíduos e as subjetividades significa necessariamente alimentar o pluralismo e desencadear outros enormes desafios no campo das relações. Assim, não é por acaso que entramos, com velocidade crescente, na mudança de sistemas políticos na vida social; na fabricação de instrumentos e modos de produção de bens de consumo; em novas formas de compreender nossa própria identidade e nos relacionar.

O outro lado deste fascínio é uma crise profunda dos sentidos que guiam a vida. O conhecimento científico passa a ser, para muitas pessoas, a única fonte do saber, a explicação cabal para tudo, inclusive para os processos mais essenciais do humano. Crises radicais nos sentidos de vida são certamente a expressão mais clara da profundidade com que

---

[4] PRIGOGINE, Ilya. *O fim das certezas*. São Paulo: Unesp, 1996.

as transformações atingem o próprio ser humano. Tudo se torna provisório, pois se supõem sempre novas descobertas que irão ditar novas possibilidades e novos valores.

Vemos que todo esse processo representa uma enorme transformação, que não convém confundir apressadamente com uma pessimista catástrofe. Representa sim um enorme desafio para a construção de sentidos consistentes para as relações humanas e ambientais. Pois, de fato, a ética se constroi mais lentamente do que a técnica. Nesse contexto, os espaços da *sabedoria de vida*, dentro do qual se situam as religiões, tornam-se mais acanhados e menos interessantes para quem vive sob os efeitos da razão instrumental e do consumo. A educação para a formação da consciência crítica se depara com seus maiores desafios atuais. E com ela a escola em pastoral e a pastoral escolar.

2.3. Tensões entre Ciência e Crença

As relações entre fé e razão, entre ciência e crença, constituem um assunto de grande incidência na educação e na pastoral escolar. Sabemos que a emergência da ciência moderna representou momentos de tensão nestas relações, o que de outras formas perdura também em nossos dias. Quando Galileu confirmava as teses do sistema heliocêntrico que vinham de Ptolomeu e Copérnico, ele não apenas fazia uma descoberta sobre planetas e o sistema solar. Como também as teorias sobre a evolução, de Darwin, não se restringiam a revolucionar os conhecimentos em Biologia. Direta ou indiretamente, a ciência moderna trazia consigo outra compreensão de nós próprios, de nosso mundo de relações, bem como sobre o conjunto de nossas interpretações, sentidos e valores. Este processo gera a impressão de que não existe mais lugar para a crença na sociedade guiada pelo conhecimento científico.

Mas há uma surpresa a este respeito trazida pelos próprios pensadores contemporâneos que estudam a filosofia das ciências: a crença precede a ciência; a ciência critica a crença e abre uma nova crença. Esta relação interativa entre crença e ciência já se encontra no pensamento filosófico de Santo Agostinho, mas é retomada hoje por notáveis pensadores como Wittgenstein, Popper, Japiassu. A base desta relação é profundamente antropológica, isto é, decorrente de nossa forma de ser. Nascemos tendo de aprender, e nosso aprender se inicia com o confiar. Na medida em que desenvolvemos nossa própria experiência temos chance de duvidar das razões anteriores de nosso confiar e o reformulamos em um novo confiar. Ora, *confiar* é dar fé, acreditar. Pode-se dizer que, nesse processo, a crença é provisória, porque aberta a ser criticada pela razão, para que se torne mais consistente.

É preciso reconhecer que o mundo moderno encontrou inúmeras respostas para inúmeras interrogações escondidas atrás de fenômenos antes inexplicáveis. Os avanços científicos encontraram e continuam encontrando inúmeras soluções para os mais diferentes tipos de problemas. E por isto mesmo as ciências exercem um papel crítico sobre as crenças. Mas as ciências não conseguem explicar tudo; e mesmo quando explicam um conjunto de coisas, a transmissão destas explicações se faz através dos códigos de confiança, refazendo o círculo crítico da relação entre crença e ciência.

2.4. Função Crítica da Fé diante das Ciências

Grande filósofo da razão moderna, Kant disse não ter explicação sobre as escolhas responsáveis que fazemos do mal, por gestos de *maldade*, não obstante a clareza com que a razão apresenta o dever ser do bem[5]. De fato, os grandes avanços científicos se mostram hoje em meio a ambiguidades profundas e inúmeras formas destrutivas do viver. Mostram que somos limitados e nossas limitações nos acompanham. Os processos de morte são experiências inevitáveis de nossa vida histórica. Para lidar com esta condição que vários filósofos chamam de finitude, não bastam fórmulas científicas; é toda uma elaboração de sentido de vida que está em jogo.

Olhando para a realidade social de nosso mundo na era tecnocientífica contemporânea vemos este paradoxo escancarado em grandes sistemas de vida política e econômica. Ao mesmo tempo em que avançamos com o progresso científico, nossas ambiguidades constroem instrumentos de qualidade de vida e máquinas de morte; missões de paz e mísseis de destruição; grandes concentrações de recursos e enormes bolsões de carências. A violência destruidora assume várias caras para se mostrar em conflitos ostensivos; mas também estão disfarçadas em sistemas econômicos, políticos e de discriminações opressivas. Nossa civilização experimenta assim as *vertigens da tecnociência*[6].

Nesse contexto o desafio educacional dos tempos de hoje é evidentemente enorme, embora tenhamos adquirido incríveis recursos para as técnicas de ensino/aprendizagem. O conhecimento científico sozinho não dá conta de toda a tarefa de reinterpretar a vida. Temos medo da *cara da morte*[7] e as ciências até ajudam a desvendar algumas

---
[5] KANT, I. *Crítica da Razão Pura*. Tradução de Alex Marins. São Paulo: Martin Claret, 2006.
[6] BENSAUDE-Vincent. *Vertigens da tecnociência*, op. cit.
[7] FRANCO, Clarissa de. *A cara da morte: os sepultadores,* o imaginário fúnebre e o universo onírico. Aparecida: Ideias & Letras, 2010.

razões desses medos. Mas como nesta e em tantas outras explicações, restará sempre o desafio de organizar os caminhos de vida, fazer escolhas, buscar sentidos e desenvolver práticas. Este saber mais amplo, que envolve as informações científicas e vai além delas, chama-se *sabedoria*. Pela herança filosófica grega a sabedoria conjuga os múltiplos saberes, ajuda a superar as polarizações que distorcem nossa visão das realidades e nos possibilitam uma percepção mais completa do conjunto da vida e seus valores. O que a sabedoria é para a área do conhecimento, é a prudência para a área das práticas[8].

São expressivas as palavras de Albert Einstein em seu livro "Como vejo o mundo"[9], que ele inicia dizendo:

"Minha condição humana me fascina. Conheço o limite de minha existência e ignoro por que estou nessa terra, mas às vezes o pressinto. Pela experiência cotidiana, concreta e intuitiva, eu me descubro vivo para alguns homens, porque o sorriso e a felicidade deles me condicionam inteiramente, mas, ainda para outros, que por acaso descobri terem emoções semelhantes as minhas. E cada dia, milhares de vezes, sinto minha vida – corpo e alma – integralmente tributária do trabalho dos vivos e dos mortos".

Anotamos acima como a declaração da Organização Mundial da Saúde (OMS/ONU 2003) ressalta a dimensão *espiritual* para se referir à elaboração de sentidos e significados que contribuem para o bem-estar individual e social. As religiões muitas vezes não explicitam as razões das suas crenças e isto dificulta a percepção do quanto podem ser

---

[8] MORIN, Edgar. *Os sete saberes necessários à educação do futuro*. Brasília: UNESCO; Cortez, 2000.
[9] EINSTEIN, Albert. *Como vejo o mundo*, trad. H. P. de Andrade. Rio de Janeiro: Nova Fronteira, 1981.

consistentes. Este limite não anula, porém, a necessidade de sentidos para projetar nossas vidas. E nos sentidos que assumimos estão implicadas as crenças, inclusive para termos critérios de avaliação ética no uso dos conhecimentos científicos e de suas tecnologias. A crença tem, assim, também uma função crítica na interação com as ciências, uma função a ser bem exercida.

3

**Faces e Interfaces
que desafiam**

A falar de faces e interfaces vamos nos perguntar como estamos sendo hoje, por nós e por nosso ambiente. A finalidade deste esforço é como colocar-se diante do espelho para dar um trato, um cuidar de nós mesmos e do ambiente em que vivemos. Em vista da pastoral escolar, isto serve para termos algumas coordenadas sobre as pessoas que somos e com as quais lidamos nos desafios do cuidar. Algumas características que marcam as formas de ser em nosso tempo já foram sendo anotadas em vista de situar o lugar da *pastoral escolar* nas relações de saber. Agora se trata de apontar sinteticamente elementos de compreensão sobre as particularidades das pessoas que interagem nessas práticas pastorais.

Quem chega ao nosso mundo hoje encontra inevitavelmente uma abundância de ofertas e possibilidades de ser e existir. E também se defronta com barreiras e portas fechadas que será preciso abrir. E mais ainda, enfrenta uma infinidade de enigmas ou aspectos escondidos que importa despertar em sua consciência e buscar compreender. As novas gerações são até certo ponto uma presa fácil para os esquemas em que são inseridas ao nascerem para o mundo, se não forem ajudadas a se educar para uma consciência crítica quanto aos sistemas e processos de vida que adotamos. É neste sentido que anotamos aqui algumas características e condições de ser nos tempos de hoje, a partir das quais derivam provocações à pastoral escolar.

3.1. Subjetividade e Individualidade

A *subjetividade*, já mencionada antes, merece o primeiro destaque. Pode parecer um conceito genérico ou às vezes se confunde indevidamente com o individualismo, uma das formas de se fechar nela. Mas é um conceito revolucionário, pois a *subjetividade* abriga o conjunto de particularidades em que estamos constituídos. Ele resulta do processo de compreensão que alarga a conhecida definição essencial do ser humano como *corpo e alma*, entrando nas profundas diferenças pelas quais existimos. Pode-se dizer que a subjetividade deriva de nossa dupla condição de seres *corpóreos* e *espirituais* posta em movimento existencial histórico ou evolutivo de agir e interagir com as pessoas e o ambiente. Dotados de uma variada capacidade de sentimento, de razão, de consciência e de liberdade, construímos, em constante elaboração, as particularidades do nosso ser. Mesmo que fôssemos todos geneticamente clonados, desenvolvemos características próprias de ser e existir. Em nossa *subjetividade* somos irrepetíveis no mundo.

Na verdade nos construímos através de constantes interações em âmbito interpessoal, grupal ou comunitário; e assim é possível sujeitos coletivos diferenciados através do tempo e do espaço. Um exemplo disso podem ser os grandes segmentos de nossas sociedades atuais, que já nasceram experimentando os benefícios da lógica da razão instrumental, a expectativa do bom funcionamento dos instrumentos; e, por extensão, do bom *funcionamento* dos próprios seres humanos. Hoje se fala dos *nativos digitais*, para mencionar quem nasceu dentro da era da digitalização. Mas antes disso, já somos, praticamente todos *nativos tecnológicos*. Torna-se árduo para os sujeitos contemporâneos pensar em realidades que não sejam quantificadas, práticas, e de preferência imediatas, envolventes e empolgantes. O corpo, a corporeidade, as emoções e sentimentos, tudo ganha novas cores e novos lugares na experiência humana. São exemplos de como as subjetividades vão se diferenciando.

O termo *sujeito* vem se tornando cada vez mais forte para significar a densidade das particularidades em que estamos constituídos. E entre elas se privilegia esta insubstituível capacidade de agir e interagir. O conceito de *sujeito* tem uma história longa começando com a ideia de se referir a tudo o que é *subjacente* a um ser, e o caracteriza. Por isso o termo ficou em algumas línguas, p.ex. em inglês e francês, como sinônimo de *assunto* ou *tema*. Mas por referência aos seres humanos, o termo evoca as grandes características de racionalidade, liberdade e grande capacidade de ação criativa; nesta base se somam as particularidades e circunstâncias com que criamos nossa própria vida. Ortega y Gasset resumiu bem o conceito moderno de *sujeito* e *subjetividade* ao afirmar: "Eu sou eu e as minhas circunstâncias".

Esta forma de nomear o ser humano trouxe a vantagem de lembrar que, de algum modo, somos sempre interagentes nas relações e nunca devemos ser tratados simplesmente como *objetos* ou instrumentos. Com certeza há tempo a educação vem insistindo na fundamental importância de os educandos serem sujeitos de sua educação.

A *subjetividade* não é o mesmo que individualidade, pelo fato de termos também muitas características em comuns que permitem falar em *subjetividade* de um grupo de pessoas, ou de *sujeitos coletivos*. Este conceito mais amplo é útil para compreender as características de determinado grupo e tratar de relações intergrupais. Já vimos como isto ajuda a identificar sujeitos concretos que interagem nas relações escolares. A individualidade referenda a distinção de cada um dos seres humanos. Mas é verdade que nos distinguimos uns dos outros por nossa subjetividade individual, ou seja, pelo conjunto de particularidades e circunstâncias em que nos constituímos. A vantagem em distinguir individualidade de subjetividade é que podemos lidar com um grupo enquanto tratamos de suas características comuns, mas sem esquecer que cada um dos integrantes do grupo merece o respeito por suas condições que lhe são próprias.

A *intersubjetividade* integra o interessante conjunto de conceitos nessa área. Resulta de nossa forma de compreender e nos comunicar que se dá sempre mediante nossas subjetividades. Por mais que nos entendamos nas relações, será sempre pela mediação de nossas próprias características de entender. As relações comunicativas supõem uma forma subjetiva de comunicar e uma (outra) forma subjetiva de interpretar as mensagens dos gestos, palavras e silêncios. O conceito de *intersubjetividade* se presta para ressaltar que sempre interagimos com grandes doses de subjetividade nas relações. É importante levar em conta esse processo, para que nossa interatividade educacional e pastoral seja facilitadora e construtiva; pois não é possível substituir o outro, sem violentá-lo de algum modo. Foucault chama de *subjetivação* o processo cognitivo e assimilativo dos sujeitos nas relações; e também alerta contra a indecência de uma *subjetivação* que fosse impor ao outro a nossa forma subjetiva de ser e existir.

Algumas conclusões éticas da *intersubjetividade* merecem realce:

– Assumir um respeito profundo nas relações de tal modo que busquemos nos adequar à subjetividade das pessoas inclusive quando pretendemos ajudá-las a se corrigirem.

– Incluir as pessoas na rede de relações respeitando ao máximo suas características e condições de ser, superando o violento enquadramento das pessoas em pretensas formas objetivas ideais.

– Sem abandonar as pessoas às suas subjetividades, interagir de forma construtiva para aprendermos a fazer das diferenças subjetivas não um estranhamento, mas uma possibilidade de crescimento em nossas relações. Pois para crescer é preciso ir além das particularidades que já nos constituem.

3.2. Da subjetividade ao Pluralismo e à crise das Identidades

A subjetividade moderna se compreende no contexto do pluralismo, como uma nova condição de ser. Há uma coerência lógica: se valorizamos as particularidades e características de cada ser, estamos consequentemente assumindo uma nova percepção das diferenças entre os seres. Mas não se trata de simples percepção cognitiva ou descritiva das diferenças. Pela liberdade, e especificamente pela autonomia de que estamos dotados, invocamos o 'direito às diferenças'. Assim, o pluralismo representa uma nova condição que leva a repensar a ética e as normas das convivências e relações, nas quais inevitavelmente emergem agora as novas questões das diferenças.

A **autonomia** tem uma longa história de variações culturais e sociológicas que não cabe sintetizar aqui (Schneewind, 2009). A versão de autonomia que experimentamos atualmente em nossos contextos se deve basicamente à revolução que representa a modernidade quanto à compreensão sobre as características de autodeterminação dos seres humanos e dos instrumentos colocados à sua disposição para exercer tais prerrogativas. Um controle remoto ou os ícones de comando de aparelhos eletrônicos nas mãos de uma criança são um sinal antológico de uma construção cultural da autonomia que se expressa em relações interpessoais e societárias, das mais diferentes formas. Levanta naturalmente muitas questões éticas nesse processo. Algumas dessas questões veremos mais adiante. Interessa aqui apenas um mapa introdutório ao contexto da pastoral escolar. Neste sentido, vale ressaltar como a *autonomia*, factual ou imaginária, é um elemento interessante para se entender a microfísica do pluralismo e lidar com ele na pastoral escolar. Logo se verá que toda autonomia tem um preço a pagar, em âmbito individual, comunitário ou social. Pois nossas escolhas autônomas têm consequências, e carregam exigências nas relações grupais. Assim o exercício da autonomia significa um constante desafio ético de discernimento quanto às escolhas que fazemos.

Entretanto, há uma espécie de elemento surpresa no bojo do pluralismo: a crise das identidades. De fato, a afirmação de nossas características e particularidades nos leva a perguntar quem somos nós, como sujeitos individuais e sujeitos comunitários ou coletivos. Esta importante questão tem dois aspectos relevantes para o nosso tema: o desafio de definir a própria identidade, e o desafio de interagir na definição da identidade do outro. Esta dupla vertente, do eu e do outro, deve-se ao fato de a identidade se construir exatamente através de um processo de afirmação e negação de nossas propriedades por referência ao outro. O *outro* é assim um espelho diante do qual se tecem nossas identidades; mas não é um espelho neutro e inativo. Diante do *outro*, estamos sempre provocados a fazer nossa própria interpretação sobre quem somos; o que faz da construção da identidade também uma questão de aprendizado.

Este complexo processo possibilita, como já mencionamos, a *subjetivação* perversa de querer impor ao outro nossas próprias particularidades. Isto ocorre não apenas em relações interpessoais dominadoras, mas em maior escala através de relações macrossociais, como o colonialismo cultural. O lado ético deste processo, que envolve a educação, consiste no desafio de interações respeitosas para o aprendizado de nossas identidades. Esse desafio é enorme. De um lado estamos em fase de um grande acerto de contas em áreas essenciais como as identidades étnico-culturais, de gênero, de convicções, em que se insere o pluralismo religioso. A crise de valores passa rigorosamente por esta crise de desconstrução-reconstrução, deixando à primeira vista a impressão de um relativismo absoluto, na conta das subjetividades. De outro lado, a sociedade de produção e consumo funciona como um enorme espelho cheio de propostas fascinantes ao alcance das mãos, e por isso atrativamente impositiva.

No rosto das crianças e adolescentes podemos ver muitos impactos das alternâncias desse processo, pelas crises de identidade e de valores dos adultos, a começar muitas vezes por seus pais e familiares, e pelos atrativos da sociedade de consumo. Isto parece suficiente para sugerir que a autonomia não é uma condição espontânea em nós; a verdade é que não somos tão autônomos como nos imaginamos. A autonomia é um grande aprendizado dos sujeitos nesta nova condição plural. Com perspicácia, Paulo Freire entendeu a liberdade e autonomia como *vocação*; e dedicou uma obra à *Pedagogia da Autonomia*[1]. A pastoral escolar atua necessariamente em meio a estes desafios, aos quais pode chegar com contribuições essenciais.

3.3. Nativos digitais

A expressão *nativos digitais* vem na sequência de periodizar as subquentes fases e características das gerações, e pergunta como são as gerações que nasceram no contexto da popularização dos eletrônicos digitais. Uma questão de grandeza cultural cujas respostas são ainda provisórias, pois a assimilação de semelhantes recursos é sempre muito dinâmica. Já surgem os primeiros alertas sobre efeitos adversos deste processo chamando-o de *demência digital*[2] basicamente por uma diminuição das capacidades mentais através de uma excessiva busca de dados nas máquinas. Fazer contas mesmo simples, de cabeça, começa a ser coisa do passado. Um fato verídico antológico: perguntado sobre seu nome completo, um adolescente ligou o celular para 'puxar o seu nome'. Correspondente a esta preocupação surgem também bibliografias ressaltando a necessidade de

---
[1] FREIRE P. *Pedagogia da autonomia*. Saberes necessários à prática educativa. Coleção Leitura, 2010.
[2] SIEBLER, R. *Digitale Demenz*, Editora Droemer, 2012.

uma *dieta de meios eletrônicos*, entenda-se moderar o uso do fone celular, jogos eletrônicos, mídia das imagens, incluindo naturalmente a televisão e semelhantes. Uma linha de argumentação se apoia, em outras palavras, no desequilíbrio de nutrientes mentais que seria tão ou mais prejudicial do que o desequilíbrio de alimentos que ingerimos.

Embora as questões éticas no tema sejam importantes, aqui interessa apenas anotar pontos desta nova condição de vida, em vista da pastoral escolar. São alguns comentários breves a serem completados por sua experiência e percepção:

• Um impacto em evidência da era digital se dá na rapidez da comunicação virtual: Por escrito, som, imagem, os contatos se dão praticamente em tempo real ao vivo e a cores. Este recurso básico se presta a vários cenários, dos quais anotamos alguns.

• As relações afetivas ganham um novo e potente canal de expressão. A forma virtual não resolve tudo, mas encurta as distâncias e oferece uma proximidade em tempo real. Assim os celulares e equivalentes carregam hoje uma forte conotação afetiva não só para crianças e adolescentes, mas também para adultos, dependendo da fase em que se encontram e como cultivam suas relações através desse meio. O fascínio por essa virtualidade leva até a mandar mensagem para quem está fisicamente ao seu lado.

• A facilidade dos contatos permite alargar o número de pessoas com as quais nos relacionamos. É usada para a formação de *redes* de vários tipos, mobilizando os interesses dos seus participantes em torno dos mais diferentes focos. As *redes sociais* são uma expressão disso; mas também nos espaços escolares há formas semelhantes.

• O *nativo digital* tem um ritmo de vida rápido e cercado de emoções. O volume sucessivo e muitas vezes concomitante dos contatos talvez lhe confira percepções rápidas e menos refletidas.

• O *nativo digital* é individualista? Falamos acima do indivíduo, mas não do individualismo. Este foi um conceito moderno que caracteriza indivíduos cercados de instrumentos e recursos pelo que dispensam os outros nas relações. Neste sentido o *nativo digital* não é individualista. Ao contrário, ele precisa dos outros, sente falta de estar enturmado para firmar sua identidade e segurança. O *selfie* terá de certo uma dose narcísica chamando a atenção para a autoimagem, mas parece como forma de integração. Talvez seja mais correto encontrar subjetivismo, no alto grau seletivo com que se filtram as imagens e contatos, e se constituem os grupos.

• A ampla disponibilidade de dados virtuais afeta o senso de direitos autorais, de propriedade como posse, de privacidade e direitos de autoimagem. É tênue o sentido de custo da produção dos disponíveis. Por outro lado já existem estudos assinalando que crianças educadas com recursos didáticos digitais desenvolvem mais o senso de partilha e solidariedade, do que educandas em sistemas tradicionais de ensino.

Como se percebe, a *realidade virtual* se tornou a nova realidade dos nativos digitais e não há que negá-la ou selecionar nela o que nos pareça adverso. O desafio é assumi-la de modo ético, discernindo suas possibilidades benéficas e seus inconvenientes. Neste sentido, a pastoral escolar pode encontrar muitas e boas interações de cuidado com os *nativos digitais*.

3.4. Entre a abundância e a Inequidade

O quadro introdutório pensado para este capítulo se completa com um olhar sobre os desafios éticos do ambiente social onde vivemos. De fato, o ambiente social é um importante nutriente de nossas convicções, moralidade e espiritualidade, assim o ar que respiramos e os alimentos que digerimos. Se não somos tão livres e autônomos como nos imaginamos, em grande parte se deve aos condicionamentos do ambiente.

Este conceito tem sido fundamentado por muitos pensadores modernos, desde Hegel até os contemporâneos. Se *pastoral* é cuidar, é indispensável ter presente necessidades básicas como esta para exercer bem a pastoral escolar. As análises das tendências atuais do ambiente social chamado por muitos de *pós-moderno* contam com uma bibliografia abundante; Z. Bauman se destaca por inúmeras de suas obras publicadas entre nós, com listagem de fácil acesso na internet, mas é preciso dar atenção e leitura também a autores latinoamericanos que analisam aspectos que são mais específicos de nossa realidade. No final deste livro oferecemos referências bibliográficas para os aprofundamentos que não podemos fazer aqui. O foco que nos interessa está na indicação de alguns desafios e não propriamente no juízo ético sobre o ambiente, o que exige mais espaço de análise. Continuamos com o método sintético de selecionar indicações e oferecer provocações, em vista da pastoral escolar.

• *Abundância de bens e recursos* – revolução nos paradigmas do conhecimento e das formas de produção propiciou o momento civilizatório da abundância que caracteriza nossos tempos. Basta entrar em um centro de compras para notar a variedade de produtos oferecidos de modo atraente. Parecem ter vida própria. Aliás, os produtos em geral, em particular os eletrônicos, têm gerações de modelos que vão envelhecendo e dando lugar aos mais novos, como que um ícone de nós mesmos. Além dos produtos, vale lembrar também a enorme variedade de serviços cercados de eficiências tecnológicas especialmente nos meios de produção, nas áreas da saúde e ambiente, nas pesquisas que desenham o futuro. Há que reconhecer os grandes benefícios desta revolução, e de certo modo notar os privilégios de viver neste tempo, que não foi sempre assim.

• *Sociedade do lazer e consumo* – Quanto mais longe da atividade laboral de seus pais ou tutores, tanto menos experiência do custo das coisas têm as crianças e adolescentes. Some-se a isto o bombardeio mercadológico de incentivo ao consumo e concessões talvez exageradas para que tenhamos nas escolas as novas gerações do lazer e consumo. Exige arte e criatividade combinar o respeito pela fase não laboral das crianças e adolescentes com o sentido não simplesmente do custo das coisas, mas do empenho e compromisso de quem trabalha para termos os bens e recursos.

• *Crise de valores fundamentais* – Vimos no capítulo anterior que a revolução de paradigmas desencadeia uma crise de valores e de certezas que Bauman chamou de *sociedade líquida*. Tudo parece relativo e provisório, mas é preciso descobrir os valores que estão se impondo. Há **fundamentalismos,** de todo tipo e não apenas religiosos, que se tornam novos dogmas em circulação. K. Popper (1945) filósofo das ciências, afirma que a pretensão de fazer das ciências a única fonte da verdade é "uma irracional fé na razão"[3]. Este "dogma" pode circular nas escolas e desafiar a pastoral escolar. Há outros que é preciso descobrir nas diferentes fases da infância e adolescência, derivados da experiência com seus genitores e implícitos na grande rede de comunicações sociais. A pastoral escolar tem certamente uma importante tarefa de ajuda em discernir e escolher os fundamentos que pautam nossa vida.

• *Consciência* ética *sobre a Inequidade* – A inequidade é um nome que a bioética moderna usa para se referir à assimetria de relações entre diferentes sujeitos. Entende que as diferenças são inevitáveis e podem ser benéficas se vividas com equidade. A equidade respeita as diferenças e procura estabelecer relações éticas entre as diferentes pessoas. O contrário disso é inequidade. O conhecido termo *iniquidade* supõe atitudes conscientes de desrespeitar os outros, mas esta consciência moral nem sempre é clara. Por isso, *inequidade* se refere também a distorções relacionais a serem identificadas e superadas, sem anular as diferenças das subjetividades. A experiência latino-americana dos tempos coloniais nos condicionou fortemente a conviver com as inequidades sociais, sem dar importância a elas. A desculpa diz "é isso mesmo; é normal, todo mundo faz assim". Deste modo, a discriminação,

---

[3] POPPER, Karl. *A sociedade aberta e seus inimigos*. Belo Horizonte: Itatiaia, 1998 [1945], p. 238. Veja também NEGRI, Antonio. *Cinco lições sobre "Império"*. Rio de Janeiro: DP&A, 2003; FOUCAULT, Michel. *A arqueologia do saber*. Rio de Janeiro: Forense Universitária, 2010.

a corrupção, o jogo de poder e influências, a "lei" do mais forte, da esperteza, são formas introjetadas em nossa cultura e podem ser identificadas facilmente na sociedade.

- *Inequidades nos sistemas sociais* – É importante aprofundar a questão da inequidade instalada em nossas sociedades. Este é um assunto complexo muitas vezes evitado pelas polêmicas que gera, mas também porque critica nossos próprios sistemas de vida; interpela, na expressão de Paulo Freire, a nossa "consciência intransitiva", que não se dispõe a olhar além do próprio mundo. Mas é um desafio inevitável à pastoral escolar. A América Latina tem uma tradição crítica com grandes expressões desde os tempos coloniais. Entre as mais recentes estão, a partir dos anos 60, a *teoria da dependência*, a enorme contribuição de Paulo Freire em torno da *Pedagogia do Oprimido*, o desenvolvimento da *Filosofia da Libertação*, o empenho da *Teologia da Libertação* na leitura crítica da fé e da vida em sociedade, as análises dos sistemas de *colonialidade do poder*, e a *Bioética* latino-americana ao sair do âmbito clínico para as grandes questões sociais e ambientais que envolvem a vida. Esclarecem as diferentes caras das inequidades, e mostram que a violência sobre as pessoas, antes de estar nas ruas e nos estádios de futebol, encontra-se nos sistemas econômicos e políticos e colocam o Brasil entre os campeões de inequidades sociais.

Essas faces e interfaces visam provocar a pastoral escolar a ter presente características concretas de nossa cultura e construção social, e das pessoas às quais ela pretende servir. Obviamente não se trata de desenvolver um programa de autoconhecimento ou análises sociais. Trata-se antes de a própria pastoral escolar crescer na consciência crítica e buscar modos pedagógicos adequados para agir em benefício dos objetivos da escola católica:

• contribuir com a educação integral na formação da consciência de si e do ambiente, e no discernimento de sentidos e valores capazes de levar ao exercício ético da liberdade e autonomia na vida em sociedade;
• estimular o conjunto da escola, corpo docente, discente, e pessoal de serviços administrativos e infraestrutura, a se ver na busca de crescimento na consciência crítica e nos procedimentos éticos;
• manter acesa a chama da abertura solidária ao outro nas suas diferenças, do compromisso pessoal com a responsabilidade social, e do apoio aos esforços e iniciativas, em favor da equidade na sociedade;
• evitar que a pastoral escolar contribua para fazer da religião um sistema de fuga dos conflitos e problemas sociais, e de fechamento ou acomodação de quem não se deixa interpelar pelas necessidades e sofrimentos dos outros.

O medo das questões sociais nem é bom para a projeção da própria escola. Um dia muitos ex-alunos estarão na universidade tendo um olhar crítico sobre o que foi silenciado na educação básica; e mesmo sem passar por estudos universitários, irão se deparar com a competição, violência e inúmeros desafios à dignidade e a ética. É preciso potencializar as crianças e adolescentes para a análise ética dos problemas e para construir razões de boas escolhas sobre atitudes e caminhos de vida. É certamente mais fácil provocar reflexões sobre a proteção ambiental do que ajudar a descobrir a estreita relação entre a devastação ambiental com a violência e descompromisso entre as pessoas.

Por outro lado, há que buscar a coerência entre a fé cristã e as realidades pessoais e sociais. Insistindo na urgência de renovação da pastoral, o Papa João XXIII escreveu ao núncio apostólico no Brasil se referindo à revolução cubana (1959) que nós cristãos não devíamos estar conformamos a que outros, declarando-se ateus, "carreguem em nossa frente a bandeira da justiça". Não se trata de competir sobre quem é o melhor, mas de se envergonhar por não buscar a coerência cristã do compromisso com a equidade.

4

Parâmetros Cristãos da Pastoral Escolar

As dimensões educacionais necessárias para a compreensão e desempenho da pastoral escolar são integradas por bases cristãs, que chamamos aqui de *parâmetros*. O *cuidar* na visão cristã está inserido em suas concepções sobre Deus, os seres humanos, o ambiente, o mundo em geral. Existem variadas concepções a esse respeito, inclusive antagonizando grupos religiosos entre si. Aqui vamos oferecer uma proposta, tendo presente que o cotidiano da pastoral na escola traz frequentes questões particulares que podem se tornar conflitivas devido ao conjunto plural dos sujeitos que a compõem. Aparecem questões doutrinárias, simbólicas, rituais e comemorativas e outras mais que emergem com facilidade, mais talvez entre alunos e seus pais. Esta diversidade de concepções precisa ser considerada também no corpo docente e pessoal de serviços de apoio. O ambiente cultural contemporâneo abriga uma grande diversidade de concepções religiosas, incluindo algumas bastante fechadas em suas próprias convicções e outras até adversas à religião. Este cenário se soma à pluralidade de tendências dentro das próprias concepções católicas. Dentro deste cenário plural e tenso, buscamos oferecer à pastoral escolar alguns parâmetros para se projetar e atuar.

Fazemos aqui uma síntese propositiva, com alguns fundamentos teológicos básicos, em vista da organização e desempenho da pastoral escolar. Não desconhecemos com isso nem as variações de tendências, nem os esforços de revisão e atualização teológica e pastoral, como ocorre em nossos dias, por exemplo, nas questões familiares e afetivas. Supõe-se que as questões e lacunas não contempladas nesta seleção de temas sejam supridas por aprofundamentos em outros espaços.

Reunimos a seguir três conjuntos temáticos, que podem facilitar a compreensão dos parâmetros cristãos em pauta. Após um breve preâmbulo geral, tratamos de: a) concepções teológicas sobre Deus e os Seres Humanos; b) a figura de Jesus, Deus e Homem; c) o Espírito Santo.

**Um preâmbulo:
a renovação teológica em nossos tempos**

As diferentes tendências teológicas se constroem através dos tempos em compreensíveis interações com as culturas, variáveis sociológicas e evolução do pensamento. As primeiras comunidades cristãs, nos tempos apostólicos, já enfrentaram o desafio de passar da cultura Hebreia para a cultura Greco-romana. É condição humana mudar, progredir, interagir. Diferentes compreensões compõem como que uma biodiversidade de percepções chamadas a enriquecer a experiência da vida cristã em Deus. Santo Agostinho, no século V, experimentava de perto esse desafio e propôs uma regra sábia de ação: "nas questões essenciais, buscar a unidade; nas discutíveis, a liberdade; e em tudo, a caridade".

Da interessante história evolutiva das concepções teológicas e pastorais, tomamos apenas a renovação que se dá nos tempos contemporâneos. Ela tem como marco de referência o Concílio Vaticano II (1962-1965), que estabelece e legitima o esforço de atualização chamado pelo papa João XXIII de *aggiornamento*. Em grandes linhas, o Concílio foi o epicentro de grande momento hermenêutico em que a Igreja fez e faz o esforço de atualizar sua visão cristã sobre todo o conjunto e cada um dos principais aspectos da sua vida em Deus e nas relações humanas, dentro da cultura moderna. Contribui para isto a grande transformação que veio se dando nas formas de compreender o mundo com suas realidades e o próprio ser humano em sua forma de ser e de agir. Esta transformação continua, e por isto o ciclo do Concílio também continua em nossos dias. Podemos destacar quatro importantes fatores influentes nesta renovação:

- Os avanços do pensamento moderno em compreender como o ser humano se constroi na sua densidade existencial, na construção de suas relações sociais, na elaboração de valores e sentidos de vida, em meio às conquistas científicas e tecnológicas. Isto provoca uma revolução na interpretação sobre quem é o ser humano, o seu ambiente, o seu mundo.
- A renovação dos métodos de interpretação bíblica, intensificada no início do século XX, contribui substancialmente para uma leitura renovada dos fundamentos da fé cristã. Aprende com as

ciências a analisar a gênese, a estrutura e o gênero dos vários *textos* bíblicos, dentro de seus *contextos* socioculturais, para perceber com mais clareza o alcance da *mensagem* que visam oferecer. Os quatro textos comentados rapidamente na introdução deste livro podem ser uma pequena ilustração de como as mensagens bíblicas ganham vitalidade com a renovação do método.

• Os novos métodos de interpretação bíblica possibilitam rever os fundamentos teológicos da interpretação sobre Deus, Jesus, o ser humano, a história da salvação e todo o conjunto doutrinal, incluindo o lugar e missão da Igreja no mundo.

• As novas práticas formas de se viver em sociedade, de valorização das pessoas, suas culturas e particularidades encontram respostas de transformação no seio da Igreja; aos poucos se renovam e intensificam as formas participativas dos seus membros nas comunidades cristãs. A Liturgia recebeu, durante o Concílio, um documento de renovação corajosa, que anunciava um caminho participativo maior a ser realizado.

Analistas identificam muitas tensões na realização do Concílio, e que dificultaram muito o desenvolvimento de suas propostas. Na América Latina a atualização da Igreja contou com importantes contribuições originadas das Assembleias Gerais do Episcopado Latinoamericano (CELAM), que ocorreram em Medellín (1968), Puebla (1979), Santo Domingo (1992) e Aparecida (2008). O pontificado do Papa Francisco é apontado como um corajoso e decidido impulso de levar adiante as linhas conciliares; e assim não é por acaso que se apresenta como um novo clima para realmente dialogar com os problemas da vida contemporânea, por complexos que sejam.

Com esse breve preâmbulo, passamos a sintetizar as propostas de parâmetros teológicos, de uma forma sintética e didática. Como se verá, a preocupação em oferecer um instrumento ágil aos agentes da pastoral escolar nos leva aqui a deixar para outras instâncias a discussão e fundamentação, e até mesmo as referências documentais, relacionadas com as propostas que apresentamos.

4.1. Representações sobre Deus e o Ser Humano

As compreensões que temos de Deus e de nós mesmos caminham juntas. Projetamos facilmente nossas emoções na figura que nos interessa de Deus. O salmo 115,5 debocha dessa estratégia porque faz de Deus imagens piores que os seres humanos, pois essas imagens: "têm olhos e não veem, têm ouvidos e não ouvem, têm narinas e não cheiram...". A Bíblia, em seu conjunto incluindo os Evangelhos, experimenta uma forte tensão a respeito das representações de Deus. Moisés chega ao encontro com Deus reconhecendo-o como totalmente outro do que os humanos. Ele simples "é o que é" e se diz "sou o que sou" (em Hebraico *Jahwe*). Não reproduz o jogo de fingimentos dos humanos que disfarçam suas fragilidades com jogos de poder e violência. Esta face ardente e transformadora de Deus leva o Povo à libertação da escravidão e a buscar caminhos solidários pela vida. Mas esta figura é contraposta na própria Bíblia pela figura de um Deus rancoroso e punitivo, cheio de privilégios e recompensas para os bem-comportados e carregado de punições e castigos para os errados da vida; no fundo, uma representação de Deus que volta a reproduzir nele as características humanas.

Essa tensão chega até o tempo de Jesus gerando discriminações e privilégios, fortes ênfases na culpa e nos rituais de purificação e um enorme descompromisso com os sofrimentos humanos por serem atribuídos à ira de Deus. Jesus experimenta e revela a figura de Deus como um Pai amoroso, que a todos nos faz irmãos e irmãs, não discrimina ninguém e se compadece dos que sofrem, não é punitivo diante dos pecadores, e quer salvar a todos. Sabe-se que Ele foi morto pela contundência desta figura de Deus nas concepções sociais dominantes no seu tempo.

Mas este confronto de representações de Deus avança pela história da Humanidade, é bem nítida na história do colonialismo na América Latina e especificamente no Brasil. Persiste em nossos tempos. Vejamos então algumas passagens necessárias desta figura de Deus trazida pela renovação teológica e pastoral em nossos tempos.

– *Do Deus onipotente Criador ao ser humano concriador* – As cores da onipotência de Deus chegam bem carregadas até os nossos tempos. É verdade que a afirmação da onipotência de Deus pode ser uma contraposição à arrogância e prepotência humana sobre os mais frágeis e indefesos. Mas veremos mais adiante como se manifesta o poder de Deus. Aqui a passagem que chama a atenção em uma teologia da criação em que se entende o poder criador de Deus como um poder que se comunica e torna os seres humanos participantes criativos de si mesmos e dos conjuntos da criação. Assim, já não se compreendem os seres humanos como simples criaturas, mas como concriadores com Deus. Santo Tomás de Aquino, na Idade Média, já dizia que a sabedoria de Deus foi tão grandiosa em criar o ser humano "que o fez providência de si mesmo". Esta concepção permite compreender a criação como um grande processo em movimento, em evolução, com uma missão participativa de alta confiança aos seres humanos dotados de razão intelectiva e criativa. Nesta linha sintetiza o Concílio Vaticano II: "Os cristãos, portanto, não imaginam as realizações da inteligência e engenho humano como se fossem oposição ao poder de Deus, como se a criatura racional disputasse com o Criador; mas ao contrário entendem que os avanços do gênero humano são um sinal da grandeza de Deus e expressão do seu próprio desígnio inefável" (*Gaudium et Spes* n. 34).

– *As capacidades humanas são dons de Deus* – Uma releitura da teologia da criação valoriza o movimento inverso de projetar em Deus as características humanas. É antes Deus mesmo que cria o ser humano "à sua imagem e semelhança", e o fez homem e mulher, com capacidades diferenciadas dos animais, especialmente pela inteligência que o torna previdente e ser capaz de cuidar. Muitos preconceitos cercam precipitadamente algumas capacidades humanas, particularmente quando se referem ao prazer, particularmente o sexual, e a impulsos de autopreservação. Aqui se passa a assumir todos os dotes e características humanas como bases da própria criação a ser desdobrada; em uma metáfora, seriam como frutos de um pomar que podem alimentar o desenvolvimento de nossa vida. Supera-se assim uma visão pessimista e preconceituosa que qualifica a priori como más algumas capacidades e características do humano.

– *O preço da liberdade é a possibilidade da maldade* – Há dois lados para explicar o mal:

a) pelo inacabado da criação e suas contingências, por onde ocorrem limitações independentes do arbítrio humano; constituem desafios para a inteligência criativa e significam possibilidades de crescer física e moralmente (sentidos de vida) através da busca e superação dos limites; esses males não são voluntários, mas se tornam provocativos à inteligência e às decisões humanas; a *teoria do caos* desenvolve a seu modo estes conceitos;

b) pela intervenção humana voluntária, por onde ocorrem maldades, ou seja, males provocados em outros, em favor do bem de si mesmo; um mal, portanto, relacional, provocador de adversidades e imposições destrutivas a outros.

A livre participação humana na criação implica em ter capacidades (poder) e lidar com limitações. Desta liberdade fundamental surge a possibilidade de dois grandes caminhos de vida: empregar suas capacidades e poder de modo participativo e construtivo no conjunto da criação, ou de modo concentrador dos recursos em favor de si mesmo. O primeiro representa uma inserção no movimento *comunicativo da onipotência de Deus*, enquanto o segundo representa, ao contrário, uma busca de *concentrar onipotência* e não se abrir a comunicar vida, e por isso é não criativo e oportunistamente destrutivo. A escolha entre estes caminhos é uma questão de sabedoria, pela qual se aprende o exercício da liberdade.

Os relatos bíblicos recolhem esta ambivalência humana em narrativas que se prestaram a interpretações da história do mal e da maldade como se fosse uma história linear e **cronológica**.

Hoje, percebe-se melhor como as narrativas míticas são formas que visam mostrar a **lógica** do mal e da maldade, ou seja, o epicentro de onde se originam as maldades e as adversidades, destruição e morticínio. O relato do *pecado original* é um exemplo antológico desta análise, embora seu gênero narrativo seja tão frequentemente confundido com a descrição de um episódio no início do tempo. É muito esclarecedor se *original* não for tomado no sentido cronológico, mas no sentido *lógico*, isto é, da mentalidade com que se usam as capacidades e poderes (*frutos*); uma sabedoria de vida tentadora (*serpente*) seria concentrar-se nos próprios interesses, enquanto que a sabedoria de Deus adverte que esse caminho leva à morte. Olhado por esse ângulo, o relato do *pecado original* é uma análise teológica sobre a lógica da maldade na história humana, desde o sangue de Abel derramado por Caim, até nossos tempos de concentração do poder excludente e devastador dos seres humanos e do ambiente. É uma análise atual do paradoxo da persistência da pobreza, fome e guerras em tempos tecnológicos de altíssima capacidade de produção de alimentos e recursos para o bem viver. Carlos Mesters aprofunda estes conceitos em seu clássico livro *"Paraíso terrestre: saudade ou esperança?"*. Este sugestivo título insere o pecado original no contraponto do princípio criativo e comunicativo da vida; conforme lidamos com nossos poderes, o paraíso terrestre se faz esperança a ser realizada, ou se põe tudo a perder.

– *Do Deus punitivo ao Deus amoroso e provocativo* – A lógica da concentração do poder é punitiva, sendo uma forma básica de quebrar obstáculos e submeter divergências. Diante das adversidades e falhas, a tendência é identificar culpados e punir. Pagar pelos erros e pecados se torna uma condição indispensável para o perdão. Este caminho levou a representar Deus com uma figura vingativa e rancorosa; paradoxalmente dividido entre justiça e misericórdia. Favoreceu o desenvolvimento de uma moralidade repressiva; trouxe a culpa, o sacrifício e a expiação para o centro da espiritualidade e a salvação. Ao propor a compreensão de Deus como um Pai misericordioso, Jesus recusa a ideia de condenações e de sacrifícios expiatórios; o amor criativo e comunicativo é seu princípio condutor; as fragilidades, as falhas e mesmo os pecados são um desafio à sua misericórdia; sua justiça amorosa pende em favor do mais fraco e vulnerado. Esta figura não se confunde com a irresponsabilidade diante do erro, mas em vez de fazer dela uma culpa, faz desafio a aprender sua superação e construção de outro caminho de vida. Assim a figura amorosa de Deus é provocativa a se aprender, a corrigir e a assumir atitudes de amor construtivo. A parábola do Pai misericordioso (Lc 15,11-32), magistralmente pintada por Rembrandt, presta-se para perceber esse lado provocativo do amor: indo além da polarização sobre o *filho pródigo*, percebe-se pelo *irmão mais velho* que a experiência do amor de Deus é uma exigente provocação a se aprender a amar.

Em síntese, a renovação teológica da figura de Deus implica uma renovação da figura do ser humano. Criados à *imagem e semelhança* de Deus, têm a capacidade de conhecer, de escolher, de amar. É a essência de Deus que se comunica. O Amor primeiro, que a tudo antecede, é o princípio fundamental da criação. Em uma interpretação de rara beleza, Ana Roy[1] retoma o relato da criação do ser humano feito do barro, dizendo: "Deus aproxima-se deste barro que Ele continua carinhosamente plasmando. Aproxima-se, sem distância nenhuma e beija esta argila. Podemos imaginar esta argila, que sou eu, sussurrar sobre a

---

[1] ROY, Ana. *O beijo de Deus*. Brasília: CRB, 2010, p. 20.

boca de Deus, como a amada do Cântico que diz 'beija-me com beijos de tua boca'. E então o ser humano de terra, se animou. Aí está a volta ao primeiro amor. Deus escuta, continua beijando, envolvendo de ternura a minha existência, em qualquer situação que seja".

Mas o ser amado e herdar este sopro amoroso abrem para todo ser humano o desafio de se desdobrar, crescer, aprender. Este eixo se torna *princípio* transversal para se entender a vida humana desde seu nascimento, abrindo-se à experiência de vida familiar e relacionamentos afetivos. Mas será um *princípio* também para a vida social. A visão cristã propõe um horizonte que supere as regras da vida social, elaboradas como simples contratos, pois entende que no reconhecimento amoroso do *outro* como parceiro da vida, será capaz de encontrar a inspiração para superar as opressões diante dos mais fracos.

4.2. Jesus, divino e humano

Jesus tem um lugar central na fé cristã, mas sua figura ou representação é densa e variável na compreensão dos próprios cristãos através dos tempos. Os Evangelhos já colocam na boca de Jesus esta pergunta: "quem dizem que eu sou?"; e em seguida: "quem vocês dizem que eu sou?". Aqui se percebe como diferentes grupos nutrem diferentes representações. Por isto estas perguntas continuam atuais dentro das próprias comunidades cristãs, onde, por exemplo, uma visão teológica analítica e uma popular podem conter diferenças substanciais. A cristologia é um tratado teológico que se dedica a analisar e propor formas coerentes da figura de Jesus Cristo no conjunto da fé cristã. Ela explica muitos pontos que se tornaram afirmações fundamentais (*dogmas*) na Igreja, e discute outros que continuam debatidos. Além disso, todos recebem através dos tempos e das culturas ênfases diversificadas. As pinturas e imagens espelham com grande riqueza a variedade destas ênfases.

As análises e teorias sobre Jesus podem ajudar muito, mas se distinguem da experiência existencial da fé pela qual o *significado* mais profundo de quem é Jesus passa a ser assumido como sentido de vida. A narrativa sobre Zaqueu (Lc 19,2-10) pode ilustrar esse lado: ele busca na opinião pública (*multidão*) e nas instituições religiosas (árvore), mas só consegue conhecer Jesus trazendo-o para a interioridade de sua vida (*casa*), onde se encontra com a provocação essencial de Jesus à grandeza do amor e gratuidade. Assim, as discussões sobre Jesus serão estéreis se não tiverem como base a inquietação sobre os sentidos mais profundos de nossa existência. A esse respeito selecionamos alguns aspectos relacionados com esta figura provocativa de Jesus, em vista da ação pastoral na escola, como segue.

a) Realidade humana e divina de Jesus – É fácil dizer como está no credo, que Jesus é *Deus e Homem verdadeiro*, mas nem sempre se assume a integração do divino e do humano em Jesus. Há uma interessante distinção entre a figura de Jesus *histórico*, isto é, situado no tempo, local e circunstâncias em que viveu, agiu e morreu; e sua figura *formulada pela fé* que seus discípulos foram alimentando pela memória e prática de seus ensinamentos. Ambas as figuras são importantes, mas os detalhes da figura chamada histórica são poucos e precários, pois o objetivo dos Evangelhos está em aprender de sua vida a revelação do Amor de Deus e o caminho para aprender a confiança Nele, o que chamamos fé. Para muitos isto pareceu fortalecer mais o *lado* da divindade do que as dimensões de sua experiência humana; e interpretam os milagres como sendo ações da divindade que interferem nos processos da natureza humana. Esta forma de entender alimenta uma espécie de imaginário esquizofrênico sobre Jesus: enquanto humano, ele não sabia de nada e era limitado em tudo, mas enquanto divino ele sabia de tudo e era todo-poderoso. O prejuízo desta representação é tornar a figura de Jesus tão assimétrica e distante do humano, que leva a religião ser um grande sistema de dependência. Aqui está, portanto, um lugar importante a ser trabalhado, talvez menos por exposições teóricas a esse respeito e mais pela proposta de outras representações coerentes com os Evangelhos.

– *A figura de Jesus: Mestre* – Para quem vive em um ambiente escolar, mestre ou professor e aluno fazem parte do cotidiano. Também para os Evangelhos esses conceitos são fundamentais: "Um só é o vosso Mestre, e vós sois todos discípulos" (Mt 23,10-11). O documento de Aparecida faz uma atualização feliz para nossos tempos ao enfatizar esta condição de *discípulos*. O Papa Francisco marcou desde o início de seu pontificado sua própria convicção de que ele também é um discípulo que caminha com a comunidade cristã e necessita de bênção e ajuda para cumprir bem seu serviço de Papa. A figura de Jesus como *Mestre* integra a perspectiva bíblica de que o caminho com Deus e para Deus se aprende em meio às confusões da vida e se transmite como uma sabedoria de vida. Assim havia muitos *mestres* no tempo de Jesus, para transmitir ao povo os caminhos da fé. Mas o povo reconhecia que Jesus *ensinava com uma autoridade diferente* dos escribas e fariseus (Mc 1,22; Mt 7,29). A diferença fundamental está na mensagem envolvente da Lei do Amor que Ele ensina não por simples teorias, mas fundamentalmente por práticas (1Cor 2,13). "Jesus fez e ensinou" (At 1,1). Vejamos como a compreensão de Jesus como *Mestre* ajuda a pastoral escolar a corrigir muitas distorções sobre Ele.

O sentido de Jesus *Mestre* se abre com a Encarnação do Verbo de Deus, que nasceu em forma humana e armou sua tenda entre nós (Jo 1,14); e "se tornou semelhante a nós em tudo, menos no pecado" (Hb 4,15); passou por tentações humanas do poder, da vaidade, das riquezas, de uma vida acomodada na abundância (Lc 4,1-13); "carregou sobre si nossas dores" e dificuldades da vida; bebeu do cálice amargo da maldade humana, sem entrar por um caminho de vingança, de violência. Sua paixão e morte se entendem coerentemente dentro desta trajetória de vida pela qual Ele nos ensina (*o Mestre*) o caminho para Deus e para a salvação em meio às ambiguidades e maldades humanas. Sua Ressurreição é a resposta de Deus a quem duvide que estas sejam opções confiáveis de vida: aquele que foi morto pela maldade, vive porque o Senhor da Vida é Amor. As outras importantes figuras de Jesus como Filho de David, Filho do Homem, Salvador e Senhor, entendem-se melhor dentro deste conjunto que a tradição cristã nomeia como um dos principais mistérios da fé: a encarnação, paixão, morte e ressurreição. O Evangelho como que resume a densidade da figura de Jesus na expressão colocada em sua boca: "Eu sou o caminho, a verdade, a vida" (Jo 14,6).

Para a pastoral escolar, em um contexto tão marcado pelo ambiente educacional e de aprendizados, a figura de Jesus como *Mestre* é indispensável. Mas é preciso se precaver contra uma redução de um mestre no sentido cognitivo, de teorias e verdades sobre a vida. O diferencial está na densidade existencial com que convida a toda a humanidade (Mt 28,18-19) a assumir e aprender este caminho revelador (*verdade*) sobre a consistência da vida e do viver.

– *Jesus: mensagem viva* – Jesus é inseparável de sua mensagem, pois Ele é a Mensagem, é o Verbo de Deus na Humanidade, é a Palavra de Deus que fala por seu Filho. Mas o que diz sua Palavra? Essa pergunta é incompleta. Mais completo é perguntar: o que sua Palavra provoca? No início da Bíblia está a Palavra criadora de Deus: "Deus disse: faça-se a Luz; e a Luz se fez". Sua Palavra é, portanto, como semente criativa. Para nós seres humanos criados com liberdade, Ela precisa ser acolhida; não adianta ouvi-la só com os ouvidos. É preciso escutá-la com o coração, com o profundo do nosso ser[2] e aprender a transformá-la em nossa vida. Este é o denso aprendizado existencial dos discípulos e discípulas de Jesus. Há quatro aspectos fundamentais nesta Palavra viva, que é boa notícia (*evangelho*) de vida:

a) *O Amor vem antes de sermos do bem*, antes de qualquer disposição para acolher sua Palavra. Deus não nos ama porque somos bons, mas simplesmente porque ama; Ele é Amor; "Ele nos amou primeiro" (1Jo 4,19). É Dele a iniciativa de dar sinais, de atrair e convidar seja quem for a assumir o caminho do Seu Filho. O evangelho diz que Deus amou de tal modo o mundo que enviou o seu Filho para salvar o mundo, mesmo pondo em risco a vida Dele diante da maldade humana (Jo 3,16). A imagem do Sagrado Coração de Jesus quer representar simbolicamente esse amor ca-

---

[2] Perguntaram uma vez a Jesus porque ela falava em parábolas, e Ele respondeu: "Para que ouvindo ouçam e não entendam, a não ser que se convertam" (Mc 4,12). Veja também a parábola do semeador (Lc 4,3-8); e a figura do irmão mais velho na parábola do filho pródigo (Lc 15,11-32).

rinhoso de Deus que nos precede em tudo. Já vimos antes que, na linguagem original dos Evangelhos, o termo *milagre* significa *sinal* da ação amorosa de Deus por nós; é uma espécie de *testemunho* concreto. Também a nós é dado esse poder e missão de mostrar o Amor que antecede. Ninguém é capaz de amar se não tiver sido amado de algum modo. A vida é complicada e cheia de contradições, mas o encontro com a Palavra de Deus começa pelo reconhecimento de que somos amados por um Amor que nos precede.

b) *A Palavra de Deus se expressa em Jesus por suas atitudes*. Seria um equívoco querer seguir Jesus copiando formas de vestir e gestos que talvez Ele tenha realizado segundo sua cultura judaica. Sua Palavra provoca atitudes, sentimentos, a serem criativos nas culturas mais diferentes. As comunidades cristãs fizeram um interessante hino que sintetiza o essencial das atitudes de Jesus; e o apóstolo Paulo o relata dizendo inicialmente: "Tende em vós o mesmo sentimento de Cristo Jesus, que..." E em seguida esclarece as atitudes fundamentais de renunciar ao poder em favor de si mesmo e colocá-lo em benefício (*serviço*) dos outros, chegando ao extremo de dar a sua vida para mostrar o caminho de salvação da Humanidade. E conclui que por isso Deus o ressuscitou e o constituiu participante de sua divindade (Fl 2,5-11). Jesus mesmo resumiu dizendo: "quem quiser guardar a vida para si mesmo, irá perdê-la; quem se dispuser a colocá-la em partilha irá ganhá-la" (Mc 8,35; Lc 9,24). Seu mandamento e legado maior é o do amor irrestrito até aos inimigos; um amor inteligente e responsável para perceber e ter misericórdia das pessoas diante de todo tipo de necessidade, inclusive de suas deficiências morais; um amor nem ingênuo, nem vingativo, nem possessivo, mas construtivo e criativo para propiciar o bem. Na figura de *pastor*, Jesus resumiu esta responsabilidade amorosa que é o contrário daquela expressão emblemática de Caim depois de ter matado Abel: "Sou por acaso guarda do meu irmão?". Jesus pratica e ensina um amor comprometido.

c) *Jesus mostra que a Palavra de Deus é realizadora.* Seria falso reduzir Jesus a um pregador de bons conselhos, sem incidência concreta nas realidades da vida. Embora se saiba pouco de sua vida histórica há dois fatos contundentes em sua trajetória histórica: sua pregação teve incidência direta nos contextos sociais do seu tempo, e ainda jovem foi torturado e condenado à morte. Os evangelhos são abundantes em mostrar a atuação de Jesus em favor dos necessitados, pobres e discriminados na sociedade do seu tempo; e ainda mais em um contexto social em que a própria religião era usada para estabelecer privilégios e discriminações. Jesus não adotou a violência física, mas lutou com decisão e clareza por um ambiente de equidade, justiça e bem de todos. O conceito de *reino de Deus* tão frequente nos evangelhos ficaria mais bem traduzido por *reinado de Deus*, isto é, por referência às características do ambiente que se cria sob a regência de Deus. Quando os discípulos de João Batista perguntam a Jesus se ele era o prometido por Deus para inaugurar o reinado de Deus, Jesus fala exatamente do bem que se faz aos pobres e necessitados, e do sentido de vida que supera a morte (Lc 7,18-30). Estar sob o *reinado de Deus* leva a buscar e aplicar os critérios da justiça e equidade nas relações concretas da vida, a começar por necessidades básicas como a fome, sede, saúde, roupa e moradia, recuperação moral. Talvez o texto mais contundente do Evangelho sobre esse *reinado de Deus* "preparado para nós desde a fundação do mundo" está em Mt 25,31-46.

Ao mesmo tempo, a sumária condenação e morte de Jesus não se entendem sem a trama contra Ele devido ao que Ele provocava de transformação na sociedade e nas concepções religiosas no seu tempo. Jesus tinha consciência das ameaças de morte que o rodeavam, mas foi até ao fim mostrando que a salvação está no amor comprometido com a equidade e o bem de todos. Isto ajuda a corrigir a concepção de que Deus quisesse a morte de Jesus ou Ele mesmo a estivesse procurando. A interpretação do evangelho para sua morte é de que Ele "amou até o fim" (Jo 13,1).

d) *Jesus desvela sentidos sobre o ser humano e sobre o próprio Deus*. A tradição cristã é consciente de que Jesus não traz apenas propostas éticas nas relações. Suas propostas remetem a um sentido profundo sobre a condição humana e sobre quem é Deus. Em síntese, Jesus se vale dos vínculos de família no seu tempo para revelar a essência de Deus-Amor na figura de Pai que nos faz irmãos e irmãs. Propõe um vínculo entre os seres humanos que ultrapassa a simples conveniência de encontrar formas pacíficas de conviver. Mostra desígnio de Deus desde a criação, a que os seres humanos sejam participantes de sua divindade no Amor.

Estas poucas observações sobre a figura de Jesus, visam ajudar a pastoral escolar a abrir janelas de compreensão no conjunto de sua ação. A piedade popular e as tradições das Igrejas cristãs apresentam muitos e diferentes realces sobre Jesus e muitos deles se complementam. Outros podem ser contraditórios. Na pastoral escolar, em vez de entrar por um caminho de polêmicas teóricas, parece ser mais construtivo propor, com boas razões, uma figura envolvente de Jesus, de modo a ganhar sua proximidade com nosso viver: nosso irmão "primogênito entre muitos irmãos" (Rm 8,29) que nos ensina o caminho salvador da vida em Deus.

4.3. O Espírito Santo

O Espírito Santo tem nos evangelhos uma figura muito condizente com o contexto educacional: "O Espírito Santo que o Pai enviará em meu nome é quem vos ensinará tudo e vos recordará tudo o que eu vos disse" (Jo 14,26). Vimos que o *ensino* de Jesus é educação não apenas cognitiva, mas profundamente existencial. O espírito diz respeito aos valores e sentidos que guiam os seres humanos na vida. Somos seres espirituais, e isto significa que o espírito não é uma entidade diferente de nós; por esta forma de ser, pensamos, amamos, odiamos, somos construtores de sentidos. Somos interativos e influenciáveis ao desenvolver nosso lado espiritual aprendendo uns dos outros, selecionando nossas próprias formas de ver e interpretar, escolhendo sentidos e caminhos de vida, dominando o pensar de outras pessoas, ou sendo dominados. São variações possíveis que mostram a ambiguidade de nossa dimensão espiritual. Diante dos anseios de violência dos discípulos, Jesus uma vez lhes disse: "não sabeis de que espírito sois" (Lc 9,55). Sobre os soldados que o crucificavam, Ele rezou: "perdoai-lhes porque não sabem o que fazem" (Lc 23,34).

Nessa base antropológica se compreende a ação do Espírito de Deus que ensina, orienta, anima quem busca seguir Jesus. É uma comunicação de liberdade e não de dominação (Gl 5,1). Jesus sintetiza essa comunicação no desígnio e convite (vocação) a sermos filhos e filhas de Deus, em grande analogia com a transmissão da vida entre os genitores e suas crianças. Nesta analogia se esclarece o dom que se recebe e ao mesmo tempo a identidade própria que os filhos desenvolvem. Pelo Espírito reconhecemos a Deus como Pai de todos e a nós como irmãos/ãs uns dos outros (Gl

4,4). Os conhecidos símbolos do Espírito são a *pombinha*, que lembra o ovo, representação da vida que brota sob o cuidado de Deus; e o *fogo*, com ampla simbologia da purificação, mas também do dinamismo que agita, da luz que ilumina, do calor que fomenta e provoca a criar coisas novas.

As provocações do Espírito de Deus são múltiplas, variadas e imprevisíveis. Jesus disse que o Espírito sopra onde quer (Jo 3,8). A iniciativa é sua, mas respeita nossas liberdades e formas humanas de ser. Acolhemos o Espírito de Deus individualmente e também coletivamente, ou seja, em comunidade. A grande expectativa dos profetas bíblicos era a chegada do Messias para trazer um ambiente social em que reinasse o espírito da justiça, da equidade e solidariedade (Is 32,1). O *Reino de Deus* tão forte na pregação de Jesus se esclarece pelo que Ele pratica e propõe: conduzir-se pelo Espírito de bondade e bem querer, de misericórdia e amor responsável uns pelos outros, o que fica bem claro quando as pessoas necessitadas são socorridas, as discriminadas e excluídas são acolhidas na participação. Talvez *reinado do Espírito de Deus* seja mais claro. O *Pentecostes* descreve, entre outras, o Espírito de acolhida e solidariedade que reinava nas primeiras comunidades, não obstante as grandes diferenças culturais. Essa compreensão social e relacional do Espírito de Deus em nós é essencial nos Evangelhos, pois quem acolhe o Espírito tem a missão de comunicar e transmitir a outras pessoas a *boa notícia* que acolheu.

A piedade popular, os Movimentos Pentecostais, a Renovação Carismática e Novas Comunidades enfatizam vários aspectos da fé relacionados ao Espírito Santo. A renovação teológica após o Concílio Vaticano II ressalta a necessidade de reconhecer, pelas palavras de Jesus, que vivemos o momento do Espírito Santo, que Ele nos legou para discernir os caminhos de Deus no hoje da História e a realizar os sinais de Sua presença no mundo. Neste sentido, os discípulos são chamados a fazer hoje obras "até maiores" do que Jesus fez (Jo 14,26). Esta estreita relação entre o Espírito Santo e a envolvente vocação cristã, que coloca nas mãos humanas os recursos e adversidades da existência, é sem dúvida fundamental. É uma relação às vezes embaçada por uma atribuição ao Espírito, mais de fenômenos curiosos e quase extraterrestres do que reveladores da ação de Deus em favor do amor, da equidade e do bem que se faz. Os aspectos relacionais e sociais da ação do Espírito ajudam bastante a compreender melhor o que Jesus transmitiu sobre o Espírito que é dado aos discípulos.

5

Parâmetros Comunitários e Identidade

A pastoral escolar se insere em uma comunidade escolar, que por sua vez se insere em uma rede de relações comunitárias. Sem esta percepção estaríamos sem raízes, sem razão de ser, sem identidade. Ou então nos arriscamos a reduzir a pastoral escolar ao isolamento de uma comunidade confessional fechada. Na cultura Bantu, africana, há uma interessante alternativa à conhecida afirmação cartesiana do "penso, logo, existo"; para dizer "estou relacionado, logo, eu sou"[1]. Na rede de relações comunitárias ganhamos identidade pelo que levamos, contribuímos, fazemo-nos ver, e pelo que somos reconhecidos, recebemos ou deixamos de receber. É através de interações, embora nem sempre éticas, que nos vemos construindo nossas identidades.

Entendendo *comunidade* no sentido amplo dos diferentes pontos em *comum* que as pessoas mantêm entre si, os mesmos membros de uma comunidade pertencem

---

[1] "Je suis parenté, donc je suis."

diversamente ao mesmo tempo também a outras *comunidades*. Não é difícil perceber isto, quando olhamos para nossa experiência individual de relacionamentos e identificamos grupos específicos ou *comunidades* que integramos levados por diversificadas razões como familiares, afetivas, lúdicas, científicas, religiosas, políticas, sociais. Esta consideração é útil para pensar a pastoral escolar particularmente porque esta complexa rede de relações em que todos nos encontramos carrega também os desafios dos cuidados (*pastoral*) dos quais necessitamos; e também porque desafia a identidade da escola com a qualidade dos serviços que ela visa prestar, inclusive os serviços da pastoral escolar.

Na atuação da pastoral escolar é interessante levar em conta as principais *comunidades* em que estão inseridos os membros que integram a comunidade escolar. Embora não seja possível nem necessário ter presente de modo explícito, isto pode se tornar importante na medida em que emergem sinais de necessidade de apoio ou ajuda. Já mencionamos anteriormente os diferentes sujeitos coletivos (corpo discente e seus familiares, corpo docente, funcionários, gestores) que compõem a comunidade escolar e que merecem cuidados específicos. Haveria ainda que contar com os subgrupos por fases de idades ou de construção de relacionamentos, envolvendo gênero, etnias, afinidades ou outras razões que se prestam à formação de grupos e/ou de antagonismos. Pode parecer complexo mencionar tantos detalhes, mas uma ação pastoral que tenha presente de modo implícito esta rede de relações terá criatividade para não se satisfazer sempre com iniciativas e atuações de *massa,* e desconhecendo as necessidades particulares de grupos específicos.

Dentro deste contexto mais amplo explicitamos melhor apenas dois eixos: mais brevemente sobre a *macroco-*

munidade constituída pela sociedade plural, já comentada anteriormente; e mais longamente a Igreja católica que oferece a identidade para a comunidade escolar que desenvolve sua ação pastoral.

5.1. A escola e sua pastoral na sociedade plural

A escola é um "conjunto orgânico de estruturas educacionais necessárias para levar à prática um projeto educativo integral, em determinados níveis evolutivos da pessoa" (GPER)[2]. Quando este projeto educacional assume um decidido compromisso de ser também um fermento evangélico, ele busca seus fundamentos na comunidade eclesial e se entende como "escola católica". Seu projeto de ser fermento na educação se sustenta se estiver apoiado e impulsionado por uma comunidade cristã.

Ao abrir-se à dimensão cristã e assumir o compromisso do testemunho comunitário, a comunidade escolar torna-se uma comunidade que proporciona aos seus membros uma implícita experiência de valores assumidos pela fé cristã, e tal vivência se dá nos espaços e testemunhos da comunidade escolar.

A escola está marcada pela rapidez das mudanças, junto com todas as instituições e organizações sociais. Estranho seria se a escola católica ficasse à margem desta movimentação, de ideias que modificam a ordem das coisas, que definem as condições de existência e alteram os rumos dos indivíduos e das sociedades. Em razão de sua dupla inserção na comunidade cristã e na comunidade nacional, a

---

[2] GPER – Grupo de Pesquisa em Educação e Ensino Religioso; disponível em: www.gper.com.br

escola católica vê refluir para ela todas as contradições que atingem o contexto sociocultural. Exatamente por estar implicada nesta interação, torna-se responsável e desafiada a gerar contribuições para a superação de tais contradições; e isto se realiza através de sua identidade. Seria incoerente estar alheio a este movimento de um novo mundo, fruto das inovações tecnológicas, de novos meios de comunicação e redes sociais, do fenômeno da urbanização e de transformações surpreendentes nos processos culturais, políticos e econômicos, em âmbito mundial e nacional.

Em seu projeto educativo pedagógico estarão as marcas da visão cristã de educação que supõe uma determinada concepção de ser humano, de cultura, de sociedade e de história; a pessoa humana é reconhecida como valor inquestionável e a sociedade é pensada na linha da democracia, de direitos e deveres, da justiça, da solidariedade e equidade para todos.

Na perspectiva da educação cristã, a liberdade é a marca que leva a transcender os limites de ordem material, corporal, sexual, psicológica, social, econômica e cultural que envolve as pessoas a fim de dar um novo sentido às atividades e ao conjunto da vida. Tal processo de autorrealização ou de libertação é longo e difícil. Ele começa pela tomada de consciência do sentido de Transcendente que leva o ser humano a se posicionar, como indivíduo e como membro de uma sociedade, diante de valores que superam os condicionamentos materiais e temporais da existência e aponta para o mistério da própria vida, em última instância para o mistério de Deus.

A educação está a serviço do "aprender", que se radica na liberdade, passa pela libertação da pessoa e culmina na abertura a uma ordem social humanizadora. Uma abertura que faz o ser humano transcender a si mesmo e a descobrir o Ser Supremo, que dá sentido à sua vida e que, ao estabelecer com Ele uma relação vital, aprende a lhe ser fiel em todos os momentos de sua existência e de sua atividade. Nessa linha de reflexão a escola oferece de forma decisiva para a realização plena do indivíduo, e de forma específica a escola católica, a possibilidade da experiência de uma realidade superior, que vai além do corriqueiro, do cotidiano e do próprio indivíduo ou dos meros interesses dos grupos.

Educação na perspectiva cristã refere-se explicitamente à opção por uma ética do respeito ao outro, do diálogo e da fraternidade, acentuando o caráter comunitário e o relacionamento social como fator básico do processo educativo. Ao pensar a escola como um todo, em seu cotidiano, compete a todos os segmentos encaminhar crianças e jovens para o respeito mútuo, despertando-lhes a atenção e a estima pelos direitos humanos, pela prática da justiça e pelo cumprimento do dever, sensibilizando-os para as exigências de uma fraternidade universal e concreta, no sentido mais amplo da democracia.

Aqui se percebem três elementos importantes para se conceber a pastoral escolar:

– A escola católica tem uma responsabilidade bem respaldada pela visão cristã de contribuir para o bem social comum, através de sua atuação na educação integral.

– A pastoral escolar é uma instância destinada a subsidiar a escola em sua organização e desempenho de seus membros para que possa cumprir bem este serviço evangelizador implícito.

– Atenta aos desafios da sociedade plural em movimento, cabe à pastoral escolar desenvolver iniciativas de cuidados em favor de seus sujeitos concretos, complementando ou suprindo necessidades não suficientemente contempladas nas instâncias formais da organização escolar.

5.2. Parâmetros Eclesiais de Comunidade cristã

Consideremos agora alguns parâmetros eclesiais que possam servir de inspiração para o desenvolvimento da pastoral na escola católica. O termo *Igreja* tem muitos sentidos, entre os quais o mais comum entre o povo é a igreja enquanto templo ou construção; outras vezes se entende sua forma institucional oficial. Seu sentido primeiro é de *assembleia*, *comunidade*; pode-se referir a uma comunidade em particular ou ao conjunto de comunidades de cristãos em alguma região ou no mundo. O conceito de *comunidade* caracteriza um espírito de vida e de ação identificado pelos primeiros cristãos: "eles eram uma só alma" (At 4,32); "tinham tudo em comum, e não havia necessitados entre eles" (At 4,34).

A partir desse sentido fundamental a Igreja tem naturalmente muitos outros aspectos necessários para se compreender sua vida. Desde o início se percebeu a necessidade de esclarecimento sobre os sentidos da fé partilhada, as formas de praticar e de celebrar, uma organização de serviços e encargos, formas de se relacionar no interno das comunidades e fora delas na vida social; e assim tantos outros aspectos. A história da Igreja mostra também as variações que estas formas de Igreja tomaram através dos tempos e culturas. Até a estrutura das construções revelam algumas características centrais das diferentes épocas.

Hoje, a atualização da Igreja como *comunidade* chegou pelo Concílio Vaticano II (1962-65). Ali se resgata a interessante expressão bíblica de *Povo de Deus*, dando o sentido da vocação de toda a Humanidade para todos serem filhos/as de Deus e irmãos/s uns dos outros. Ressalta a essência do ser *Igreja* na comunhão de irmãos (*comum união*) em Jesus Cristo, como discípulos e comunicadores do Amor de Deus no mundo e nas sociedades. Mostra os aspectos de sua organização interna, os diferentes serviços e atribuições de seus membros. Oferece importantes diretrizes sobre sua identidade e missão e sobre as atitudes que devem guiar suas relações ecumênicas e inter-religiosas. Ressalta dois grandes momentos de nossa história, o terrestre e o celeste, e deste modo inclui Nossa Senhora, as santas e os santos na grande caminhada do *Povo de Deus*.

O sentido de vocação universal da Humanidade para sermos e vivermos em espírito de grande família de Deus trouxe para a renovação conciliar uma visão de respeito e abertura ao diálogo com os diferentes grupos religiosos cristãos e não cristãos. Não se trata de renunciar à discussão sobre critérios éticos que regem as confissões religiosas, mas se parte de um reconhecimento quanto à liberdade religiosa e legitimidade das diferenças, a partir das quais se abrem as relações de contribuição e de encontro na construção da paz e concórdia nas relações. Em vista da pastoral escolar, vamos considerar mais em particular esse ponto e outros que nos parecem relevantes:

a) **Somos Igreja** – Um grande desafio da pastoral escolar é lidar com o costume de ver a *Igreja* pelo lado institucional, seu sistema de organização, rituais, doutrinas, disciplinas, seus códigos de moralidade. A necessidade de se organizar não deve se sobrepor ao núcleo fundamental de ser uma comunidade viva de pessoas, que juntas procuram seguir Jesus nos caminhos existenciais para Deus. O

Papa Francisco dá exemplos contundentes neste sentido, assumindo gestos concretos de ser um dos discípulos, entre os quais tem a missão de ser papa. Em uma síntese didática ajuda perceber quatro núcleos básicos e estreitamente entrelaçados do *ser Igreja*, no sentido de ser, comunidade, povo de Deus que caminha e se organiza.

• *As realidades da vida* são como o chão que se pisa e por onde se constroem os caminhos. O Vaticano II sintetizou isto em uma frase lapidar: "As alegrias e esperanças, as tristezas e angústias das pessoas de nosso tempo são também as alegrias e esperanças, as tristezas e angústias dos discípulos de Cristo, e nada há de verdadeiramente humano que não encontre eco em seus corações".[3] Assim, é muito importante garantir uma estreita ligação entre as expressões da fé e os fatos e realidades da vida; é preciso ter sempre presente esta correlação para superar uma visão alienada e consumista da religião, evitar práticas religiosas sobre as quais as razões e sentidos ficam sempre obscuros; como também garantir que todos os problemas e situações da vida possam buscar luz e ajuda na fé cristã.

• *A Bíblia e a Tradição cristã* mostram como a experiência de Deus se dá na História humana, em meio a suas tensões, possibilidades e dificuldades. Os caminhos não estão prontos; entre erros e acertos a *comunidade de fé* procura aprender, corrigir-se, melhorar, crescer. Mostram também os bons caminhos e os ensinamentos sobre eles,

---

[3] *Gaudium et Spes* n. 1.

que a *comunidade cristã* guarda na memória do seu coração. A história humana, sob este sentido, dá-se como uma história da salvação de Deus entre nós (*Emanuel, Deus conosco*). Mostram, sobretudo em Jesus, o Espírito que guia este povo/comunidade em marcha a atualizar os caminhos para Deus nos novos tempos. As práticas e testemunhos de fé das pessoas e comunidades através da história mais antiga e recente de algum modo se integram nessa tradição escrita com letras de vida. É indispensável se aproximar da Bíblia e da tradição da Igreja com este espírito de discípulo e de comunidade que recebe a fé, procura aprender, praticar, aprofundar e também transmitir. Esta dimensão missionária da *comunidade* de *discípulos/as* está bem expressa no Documento da Assembleia dos Bispos Latinoamericanos em Aparecida (2007).

- *As doutrinas e normas* formuladas pela Igreja decorrem da necessidade de esclarecer pontos da fé e da moral, em vista da caminhada em conjunto num sentido de unidade. Elas também fazem parte de um árduo esforço através dos tempos e precisam de constante atualização. Pela fé na Encarnação, a razão humana ocupa um papel importante na compreensão e esclarecimento da fé e das normas de vida moral cristã. Em outros termos, a fé cristã se esclarece com a ajuda das ciências e dos diferentes saberes, ao mesmo tempo em que lhes oferece de sua parte um horizonte de sentidos e valores. A teologia cristã, desde os primeiros séculos, é interdisciplinar por seu diálogo constante entre fé e razão. No ambiente escolar da educação formal e integral é de particular importância que a pastoral facilite a compreensão dos nexos entre as doutrinas e normas da fé com as realidades da vida, em que a razão humana, através das ciências tem muito a explicar. Quando se pergunta sobre "a posição da Igreja", muitas vezes se encara a resposta como um assunto fechado em que a conclusão é reduzida ao ser a favor ou contra; a Igreja acaba sendo rotulada mais pelas negações do que por suas propostas de valores. Para superar isto é preciso dar prioridade às razões do sim ou do não; e quando isto não nos for claro, pelo menos deixar claro que temos o direito de buscar esclarecimento; e os próprios professores e alunos podem ajudar nessa tarefa.

• *A Liturgia* é um ponto de encontro entre a fé e as práticas de vida. As formas de orar e celebrar nascem da fé, e mostram por outro lado qual a fé que temos. Toda celebração contém três elementos: a *memória* dos fundamentos da fé, a *atualização* da fé na vida pessoal e social que estamos vivendo, e a *projeção* de nossas esperanças e do que buscamos ser. As ênfases em cada um desses elementos podem ser maiores ou menores, mas estão sempre presentes nas celebrações. Os sete *sacramentos* acabaram se tornando uma referência importante para associar alguns aspectos marcantes de nossa vida com a fé que nos une para vivenciá-los. É um recurso didático bastante construtivo mostrar as bases da experiência humana, subjacentes a cada sacramento, e que desafiam a vivência da fé cristã. Isto requer um aprofundamento teológico que não podemos fazer aqui, mas vale a sugestão de buscar nesta direção. Entre os benefícios está a superação de um ritualismo vazio que não consegue tocar minimamente nos símbolos e representações com que celebramos e rezamos. Há muito que progredir neste sentido, mas é importante não desistir de dar mais qualidade às celebrações, pois além de tudo, elas próprias, quando bem conduzidas, tem um valor didático muito grande.

b) **Maria, Mãe de Jesus**, foi naturalmente alguém que participou muito de perto da vida do seu Filho e se tornou referência na vida das comunidades cristãs. É preciso fazer de início uma distinção muito clara entre a *Maria de Nazaré*, nos detalhes da vida real do seu tempo, e a *Maria interpretada pela fé*, o que se vai construindo já nos Evangelhos e ao longo dos tempos até hoje. O que sabemos sobre os detalhes da vida histórica de Maria é muito pouco, e temos de recorrer aos costumes da época para completar as possibilidades de sua biografia.

Os próprios Evangelhos, a partir do fato de ela ser a mãe de Jesus, não se preocupam em descrever sua biografia, mas de associar sua figura e atuação ao conjunto da missão de Jesus no mundo. É assim que, por exemplo, no Evangelho de João, ela é, nas Bodas de Caná, o símbolo da *comunidade* que facilita para os discípulos as práticas transformadoras da fé (transformar água em *vinho*); e símbolo da *comunidade* que testemunha, ao pé da cruz, de forma corajosa o Amor de Jesus levado até à doação de sua vida, e que acolhe os discípulos como mãe que lhes ensina e incentiva neste Amor. A interpretação da figura de Maria foi se enriquecendo através dos tempos pela piedade popular e oracional, trazida para as celebrações litúrgicas e associada às verdades da fé.

É preciso reconhecer e discernir as riquezas para a fé e os exageros e distanciamentos que emergiram nesse processo. É um assunto complexo por envolver muitas sensibilidades que vão além das análises teológicas. Alguns pontos trazidos pela renovação conciliar são iluminadores para a pastoral escolar. Em grandes linhas, as afirmações da fé sobre Maria estão sempre associadas ao mistério de Cristo e aos desígnios de Deus para toda a Humanidade. Um exemplo pode estar no livreto litúrgico de introdução à missa do Papa João Paulo II, na basílica do Vaticano, celebrando o 150º aniversário do dogma da Imaculada Conceição (8/12/2004). Comentando Ef 5,25-27 diz a introdução do livreto litúrgico: "A condição esponsal e filial do novo Povo de Deus, do qual Maria é personificação e imagem profética, diz respeito não só à comunidade eclesial enquanto tal, mas também a cada um de seus membros". E considerando que uma leitura da missa é tirada de Ef 1,3-6; 11-12 onde se fala que "antes da fundação do mundo, Deus nos escolheu para sermos santos e imaculados no Amor, e predestinados a sermos seus filhos adotivos por Jesus Cristo"; a introdução à liturgia comenta o seguinte: "Sob este aspecto, o Batismo [...], do ponto de vista sacramental, corresponde ao evento da concepção imaculada de Maria". E mais adiante acrescenta: "Como discípula, também Maria teve de crescer na fé, progredir na esperança colocada a duras provas, orientar seu amor virginal para Deus, para José, para seu filho Jesus e a comunidade eclesial, e para todas as pessoas, seus irmãos e irmãs".[4] Assim é interessante buscar as bases antropológicas em que se inserem a experiência de Deus e a realização de sua salvação para a comunidade eclesial e para cada pessoa. Em todos os chamados *dogmas marianos* há uma referência direta aos filhos e filhas de Deus, que é preciso perceber e celebrar. Em Maria, mãe de Jesus, concentram-se muitos símbolos e figuras de nossa própria vocação cristã e experiência de Deus. O pequeno livro de Anselm Grün & Petra Reitz, *Festas de Maria*, com abordagem católica e luterana, é bastante sugestivo neste sentido. Há que respeitar profundamente os sentimentos que acompanham a piedade popular, mas também oferecer possibilidades de atualizar sua compreensão no conjunto da fé cristã.

c) **Os santos e santas** têm uma grande importância na vida da comunidade eclesial, e isto merece atenção. Conhecemos as críticas que pesam sobre as imagens. Há também questões sobre o *poder* atribuído aos santos e santas, e até mesmo sobre a existência de alguns deles. A teologia pode ajudar a pastoral escolar, e neste sentido[5] vão as seguintes anotações:

– As primeiras comunidades cristãs já valorizavam muito as pessoas que partiram desta vida e deixaram por suas práticas um testemunho vivo de fé. Viam nelas a esperança cristã realizada, não obstante as situações difíceis que tenham enfrentado. Santos e santas integram a grande *comunhão* eclesial, em uma experiência de Deus e de vida humana mais

---
[4] Texto elaborado pela PONTIFICIA ACADEMIA MARIANA INTERNATIONALIS. *La Madre del Signore, Memoria, presenza, speranza*. Città del Vaticano: 2000, p. 61-66.
[5] GRÜN, Anselm; REITZ, Petra. *Festas de Maria*. Guias para a vida. Um diálogo evangélico-católico. Aparecida: Santuário, 2009.

ampla que a nossa. A memória sobre eles nos anima e não nos deixa sós. Isto vale também para pessoas não oficialmente reconhecidas como santas, na medida em que podemos guardar delas a memória do Espírito de Deus por elas vivenciado. Há uma dimensão afetiva nesta memória da comunidade e das pessoas que é muito humana e subsidiária da fé.

– **A intercessão dos santos** tem uma coerência analógica aos relacionamentos que mantemos em comunidade eclesial e em outras modalidades: assim como podemos orar e nos ajudar uns aos outros, por que quem já partiu desta vida não pode rezar também por nós junto de Deus? Mas essa consideração traz por outro lado um alerta crítico à intercessão quando os pedidos reproduzem os interesses particulares, como se a intercessão dos santos/as fosse uma espécie de jogo de influência para a obtenção de favores que vemos na política, no comércio e em tantas outras relações. No centro da intercessão deve estar a busca da fidelidade a Deus na superação das situações e dificuldades que enfrentamos; de certo modo está também o apoio espiritual e afetivo buscado para superar problemas na vida. O pedido de intercessão dos santos/as precisa então ser esclarecido para que não se reduza a simples negociação de favores, o que pode inclusive redundar em decepções por não ver atendido o que se pede.

– **As imagens** cumprem nesse contexto um papel de avivar a memória e ajudar o imaginário a ativar esse tipo de presença; as fotografias impressas ou digitais cumprem hoje esse papel nas relações do cotidiano. Mas também aqui há um ponto crítico: quando a imagem, instrumento da memória, torna-se em si mesma um valor sagrado, ela perverte o seu sentido original, e isto está criticado na Bíblia. Além desse ponto, é preciso entender que as pessoas têm diferentes gostos quanto ao uso de imagens, podendo inclusive preferir dispensá-las. Muitas vezes se gasta muita energia para explicar que o católico não adora imagem. Para evitar uma polarização apologética a esse respeito é preciso priorizar o núcleo central da *comunhão dos santos/as*, a *memória* de seus testemunhos que nos animam, *a intercessão* que nos ajuda a enfrentar as realidades; e reconhecer que diante disso as imagens cumprem um papel auxiliar, e que seu uso se expõe não raras vezes a exageros.

– **Poder** de cada santo/a é um ponto importante no imaginário popular. A ideia do *poder* de um santo/a pode repetir a tendência de lhes atribuir *especialidades de ação* ou de influência para a obtenção de favores específicos. Esta ideia se aproxima do sentido de "corromper o santo para o nosso interesse". Há um sentido originário nestas atribuições que ajuda a corrigir esta distorção: em geral, o poder atribuído a um santo/a se relaciona com fatos de sua vida em que transparece a ação de Deus, seja pela caridade praticada, seja pela confiança com se enfrentou uma situação desafiadora. Então se torna mais fácil sair da simples busca de um *milagre* do santo/a, para se assumir o exemplo e testemunho de sua vida na caridade e/ou confiança em Deus dentro de situações concretas. Há inclusive figuras de santos/as, dos quais a existência é imprecisa, mas que carregam referências simbólicas à luta interior das pessoas, como pode ser o caso de São Jorge vencendo o dragão. Percebe-se deste modo que o mais importante é ressaltar a confiança no poder de Deus que age em nós, e neste sentido santos e santas são companheiros de caminhada.

– **O carisma** de santos/as das Congregações Religiosas mantenedoras das escolas ajuda a elucidar bastante o sentido da presença espiritual de quem já partiu desta vida e continua de algum modo presente. *Carisma* é um termo de origem grega que significa *dom* ou *habilidade* que se presta como *obséquio* a outras pessoas. O *carisma* de uma comunidade religiosa procura desdobrar e atualizar a herança espiritual deixada por seus fundadores/as em práticas específicas. Aqui se pode ver a presença espiritual atuante de Deus em nós, através de pessoas concretas não apenas do passado, mas provocativa de nossa ação no presente. É, desta forma, importante resgatar a memória das pessoas que nos inspiram e animam a tomar em nossas mãos os caminhos de nossa própria história.

d) **Identidade católica da escola** é uma questão de muita incidência na pastoral escolar. Pois a escola católica hoje se insere entre tantas outras que não se caracterizam pela identidade católica. E ela nem sempre atrai as famílias e os alunos através dessa identidade. Como se sabe, os critérios são variados, passando pela qualidade pedagógica, pelos conteúdos, pelo ambiente escolar, talvez também pelo preço, e além de tudo pelos resultados colhidos em casa, no preparo para a faculdade, boa fundamentação para prosseguir os estudos, por estar entre os bons ranques das análises e dos exames públicos e, como consequência, por inserir os estudantes nos melhores espaços do mercado de trabalho.

É fundamental ter uma identidade consistente e bem definida, sem o que não nos firmamos nas relações nem como indivíduos, nem como comunidade. A escola que não zelar por sua identidade será facilmente rotulada, pois alguma identidade transparecerá de suas posturas. Ao falar de *identidade católica*, seria um engano pensar que o reconhecimento da liberdade e diversidade religiosa e a abertura ao diálogo exijam esconder quem é e quais são as referências de fé e as razões de esperanças das pessoas na escola católica. Ao contrário, é a partir de nossas convicções que podemos contribuir no contexto das diferenças. Isto significa que a afirmação da identidade católica não se opõe a ser identidade declarada, mas se opõe a ser fechada, descomprometida ou agressiva com respeito a outras identidades religiosas. Isto é fundamental nas iniciativas da pastoral escolar. A identidade aparecerá sem dúvida nos ideais e opções fundamentais que regem a escola como um todo. Isto deve se apresentar desde o começo; mas não é difícil haver uma confluência das diversidades religiosas em diretrizes humanitárias e fundamentos de dignidade e justiça coerentes com as convicções cristãs. Uma atenção maior será necessária quanto às celebrações e discussões de temas mais estreitamente ligados à identidade católica. Duas posturas básicas podem ajudar bastante: a) dar espaço às dimensões antropológicas e sociais que podem ser comuns às diferentes expressões religiosas e que em geral estão presentes em temas e celebrações católicas de festas e eventos; isto contribui para ampliar a visão de todos quanto aos desafios que temos em comum; b) e sem renunciar a celebrações que são específicas da convicção católica, ter a delicadeza de não obrigar ou constranger as pessoas de identidade religiosa diferente a participar delas.

A identidade católica na América Latina merece um realce especial pelo contexto sociocomunitário em que nos situamos. O cenário latino-americano está marcado por inequidades e pelas distâncias enormes entre ricos e pobres, entre pessoas com poucas e outras com grandes chances de bem-estar social. Parece avançar um neoliberalismo que cultiva o descompromisso dos mais ricos e das classes médias com os empobrecidos e discriminados nas relações sociais. Isto se expressa em gestos de violência e de descompromisso social. As tarefas da educação, e consequentemente o cenário da pastoral escolar em nosso contexto, são bem marcados por questões sociais que não podem ser ignoradas na organização da pastoral escolar. Não é possível um compromisso cristão verdadeiro com consciência socialmente alienada ou ingênua. A pastoral escolar pode ser uma gota d'água dentro de um contexto muito complexo, mas será fermento que testemunha um espírito solidário e ético, ao mesmo tempo em que planta as sementes de esperança no mundo presente e para as novas gerações.

Esta sucinta seleção de tópicos sem dúvida pode ser ampliada, aprofundada e melhorada. Representa, porém, o esforço de sugerir alguns parâmetros gerais para guiar atitudes e iniciativas da pastoral escolar. Outros pontos e questões mais detalhadas serão assumidos no capítulo que segue.

6

Espaços Antropológicos da Pastoral

A encarnação de Deus, que se faz gente e um no meio de nós, é por excelência o modelo primeiro a manifestar que o projeto de Deus se dá no espaço das relações humanas. Toda a tradição cristã católica desde seus primórdios se deu conta de que não há Revelação e menos ainda Ação de Deus se não nos espaços das relações humanas. O espaço da educação básica está na amplitude das novas relações que a educação escolar deve proporcionar e ajudar a construir. Antes de ser uma instituição, a escola é um ambiente de relações de uns com os outros, com o meio e com o universo de seus símbolos.

Sabemos, no entanto, que hoje o espaço das relações é marcado também pela rapidez das mudanças das ideias que modifica a ordem das coisas, define as condições de existência e recoloca as relações reais e simbólicas dos indivíduos e dos grupos.

Em meio a tudo isso a escola continua sendo, em sua dimensão mais complexa, um território marcado para as relações eu-eu; eu-tu; eu-espaço; eu-transcendência; eu-conhecimento; eu-aprender; eu-meio social; eu-cultura; eu-mundo; eu-simbólico; eu-Universo, constituindo-se no espaço primordial da convivência com o ambiente, o imaginário e o representativo. Torna-se a escola um dos canais abertos para as relações com a vida e com o mundo. A pastoral escolar tem aqui o motivo principal de sua atuação, por isso se constitui também em sujeito do currículo da escola e de toda a ação pedagógica que é proposta e desenvolvida.

Para a escola católica a pastoral escolar se coloca na condição de quem pode privilegiadamente cuidar dos espaços reais e simbólicos das relações humanas. Faz este serviço primeiro dentro da escola, mas com grandes possibilidades de estar plantando sementes que daí se ampliam para as mais diversas situações do viver e do existir. É nessa perspectiva ainda, de valorizar e de cuidar sobre as dimensões sociais e individuais das relações humanas, que a escola em sua atividade pastoral também pode oportunizar a experiência da relação com o Deus de Jesus.

Nessa perspectiva a pastoral torna-se também um dos *sujeitos* atuantes no currículo escolar. E sua função primordial passa por apresentar, dar a conhecer e sustentar a dimensão da identidade confessional, do carisma institucional e dos princípios educacionais que fundamentam a formação básica para construir o indivíduo e constituir o cidadão.

Espaços na condição humana da comunicação

A pastoral se desenvolve em formas privilegiadas de comunicação entre os membros da comunidade escolar. Por isto se torna importante ter presente algumas condições em que se dão as interações da pastoral. Entre estas, ressaltamos o *campo do simbólico*, das *representações* e das *relações* concretas do âmbito escolar.

a) Campo do simbólico – No campo do simbólico a escola representa e dá significado às buscas, desejos, necessidades, sentidos e respostas às famílias, educandos e educadores em geral. É um jeito de educar que tem como 'objeto' a construção do ser humano, portanto precisa ter clareza também da dimensão antropológica que isso envolve. Por isso que o projeto pedagógico da escola deve operacionalizar uma proposta educativa que explicite claramente a sua visão de educação. O que supõe uma determinada concepção de ser humano, de cultura, de sociedade e de história. No projeto pedagógico educacional da escola católica a pessoa humana assume um valor inquestionável e a sociedade é pensada na linha da democracia, de direitos e deveres, da justiça, da solidariedade e da igualdade para todos.

b) Campo das representações – No campo das representações a escola é a instituição social que açambarca, tanto por parte da família como da sociedade em geral, o ambiente principal do conhecimento 'científico' e de aprendizado; da formação e (des)construção; do respeito e do acolhimento; do lançar e do cuidar; do simbólico e da concretude. No espaço da educação católica isso se constitui em apresentar uma proposta de vida tanto para os educandos, como para os educadores e para toda a comunidade que de certa forma se envolve com sua ação e também é respingada com a presença física em sua espacialidade local.

c) Campo das relações – No campo das relações concretas do território escolar está na linha de frente a própria razão de ser e de existir da escola, o aluno. Junto com esse há sempre uma família, independentemente de sua configuração, já que não há criança, adolescente ou jovem sem ter quem o sustente e ampare em suas diversas dimensões. Tamanha a importância do aluno é também a do educador, um não seria sem o outro. O educador também está na linha de frente, pois é o que acolhe, aponta, remete, insere e forja o aluno a sair dele próprio e ser.

No entanto, na mesma importância nas sociedades e organizações educacionais atuais se colocam a direção, as coordenações, os auxiliares administrativos e colaboradores em geral. Enfim, vemo-nos diante de um corpo no qual todos precisam ser cuidados para que a escola dê conta da tarefa de preparar para os próximos momentos da vida escolar, da vida afetiva, da vida religiosa, da vida profissional e tantos outros.

Opções transversais implícitas

Na perspectiva descrita acima, a pastoral escolar tem sua razão de ser e se efetiva no espaço das relações humanas atuando concretamente através de algumas opções feitas de forma não explícita, mas que se tornam *transversais* em sua atuação. Em outros termos, seria como que perguntar sobre o *espírito ou dinamismo* que implicitamente rege as opções e rumos concretos assumidos pela pastoral na escola. Em que dimensão a escola está ancorada e por onde passa a atuação da pastoral? Está a escola amparada mais numa dimensão instrumental? Ou numa dimensão emocional-ética? Ou numa dimensão corporal-ritual? Sabendo, porém, que uma não exclui a outra.

a) Dimensão instrumental – É quando o cuidado principal se coloca na instrumentalização dos atores, alunos-

-professores-funcionários-pais-comunidade, e cenários da escola. O cuidado prevalece sobre:

– O sistema moral utilitário das pessoas e de suas capacidades.

– Os valores morais da instituição se colocam em detrimento dos valores morais da pessoa.

– As relações são normatizadas por interesses individualistas.

– A tecnologização do ambiente e das relações escolares.

b) Dimensão emocional-ética – Quando o cuidado se dá especialmente no respeito à pessoa, do aluno-professor-funcionário-pai-comunidade, tratada na sua condição real de ser humano. Destaca-se o cuidado sobre:

– Princípios e fundamentos da educação para a plenitude real e concreta da pessoa humana.

– Valores que humanizam as normas.

– A vida como fundamento das relações.

– A pessoa como elemento-chave e base da convivência.

– O respeito pela pessoa, à beneficência e a justiça.

– Decisões que favorecem a vida humana.

– Os limites e as possibilidades dos valores éticos que dão sentido às relações.

c) Dimensão corporal-ritual – Quando o cuidado se coloca na medida das diversas linguagens, corporeidades, gestos, espaço-temporais, relações e rituais com seus aspectos simbólicos. O cuidado se coloca na perspectiva das:

– Atividades escolares exercidas a partir do referencial da dignidade humana.

– Experiências concretas da corporeidade: prazer-desprazer; alegria-tristeza; bem-mal-estar.

– Posturas físicas presentes nos espaços da escola.
– Condição e forma de utilização dos espaços dentro e fora da sala de aula.
– Formas e rituais de encontros.
– Momentos celebrativos fortes.
– Ações de dar, receber, assistir e participar da escola.

Pastoral e humanização dos espaços

Percebemos que a ação da pastoral se coloca no espaço das relações humanas e passa a ser condição para humanizar cada um e todos, como também os próprios ambientes e eventos que compõem a escola. A ação pedagógica, os métodos de trabalho, as teorias de base, as relações com o mundo externo dão espaço e cuidam para primeiro colocar a preocupação com o bem-estar da pessoa e como consequência com o fortalecimento das relações. No sentido simbólico o espaço das relações interpessoais é que permeia todo e qualquer procedimento de ensino e aprendizagem. Por isso, a pastoral escolar se coloca na condição do cuidado que a escola deve ter com uma prática pedagógica que pressupõe o saber dialogar, o abrir-se à escuta ativa, ao reconhecimento e ao respeito ao outro.

a) Sentido de Equipe – Uma escola em pastoral implica em movimento e envolvimento, implica ainda em dar conta de uma imensa gama de serviços, muitos deles burocráticos, mas com um olhar de quem se põe a ajudar as pessoas em suas construções pessoais e na organização de suas relações para que sejam sempre mais humanizadas. É por isso que numa escola confessional católica que se quer democrática não pode haver lugar para o individualismo, o "eu", é preciso exercitar a cooperação, a partilha, a solidariedade e a compaixão.

É justamente nas relações interpessoais, para além das relações interindividuais ou simplesmente de *massa* anônima, que se estabelece o espaço principal para a ação pastoral. Esta é uma condição para que possa ajudar a escola no seu conjunto a propiciar humanização. Assim todo "o processo educacional se assenta sobre o relacionamento de pessoas, orientado por uma concepção de ação conjunta e interativa".[1]

b) Transcendência: ir além de si pelo respeito e cooperação – A pastoral escolar, em seu método de ação, dá-se na convivência, no respeito mútuo e nas interações que constroem critérios para estabelecer maior qualidade para conviver. Uma escola que se quer em pastoral passa a possibilitar o pleno sentido de conviver e o caráter social concreto torna-se um processo, uma construção, da qual participa cada indivíduo na relação que estabelece com o outro. Pois são as relações de cooperação, partilha e cuidado que representam e possibilitam as relações interindividuais de socialização.

Isso postula e garante um tipo de abertura ao outro que faz o ser humano transcender a si mesmo e descobrir o próprio Transcendente sempre presente no limiar dos horizontes da vida. É uma ação concreta que oferece de forma decisiva a possibilidade da experiência de uma realidade que vai além do corriqueiro, do cotidiano e do próprio indivíduo ou dos meros interesses dos grupos. É um espaço constituído intencionalmente que apresenta o sentido maior e mais profundo da vida e que propõe com este uma relação vital.

---

[1] LÜCK, Heloísa. *Gestão Educacional*: Uma questão paradigmática, Petrópolis, RJ: Vozes, 2006, p. 98.

c) Da ética teórica às práticas éticas – Na perspectiva cristã refere-se explicitamente à opção por uma ética do respeito ao outro, do diálogo, do acolhimento e da fraternidade, acentuando o caráter comunitário e o relacionamento social como fator básico do processo educativo. Ou seja, é proporcionar abrir fendas que encaminhe crianças, jovens e adultos para o respeito mútuo e despertar-lhes a atenção e a estima pelos direitos humanos, pela prática da justiça e pelo cumprimento do dever. É sensibilizar para as exigências de uma fraternidade universal e concreta, no sentido mais amplo da democracia.

Na América Latina a Igreja católica propõe aos educadores cristãos uma pauta muito pertinente para a pastoral escolar contribuir na organização de uma educação:

– Que humanize e personalize o humano, para nele criar o lugar onde possa revelar-se e ser escutada a Boa-Nova.

– Que integre a dinâmica do cotidiano educativo no processo social latino-americano, impregnado por uma cultura radicalmente cristã, na qual coexistem valores e contravalores, luzes e sombras e que, por isso, necessita ser constantemente reevangelizada.

– Que exerça a função crítica própria da verdadeira educação, procurando regenerar permanentemente, do ponto de vista da educação, os princípios culturais e as normas da integração social e que possibilite a criação de uma nova sociedade, verdadeiramente participante e fraterna.

– Para a justiça, onde de fato o educando seja o sujeito, não só de seu desenvolvimento, mas também despertando para o serviço do desenvolvimento da comunidade, proporcionando uma educação para o serviço.

– Consciente do compromisso com a promoção integral do humano como sinal da plena realização da humanidade. É um núcleo de irradiação evangelizadora, mediante alunos, pais, docentes, discentes. Empenhar-se em fortalecer a comunidade educativa e nela um processo de formação cívico-social, inspirado no Evangelho e no magistério social da Igreja, que responda às verdadeiras necessidades da comunidade local e corresponda à realidade de mundo. Esforçar-se-á na organização dos estudantes, docentes, pais de alunos e ex-alunos, criando uma comunidade cristã, como método de educação cívico-social e político que possibilite a formação democrática das pessoas.[2]

d) Compromissos da Pastoral – A escola deve ser um espaço de educar para o respeito mútuo e a pastoral escolar através do fortalecimento dos vínculos do afeto, do simbólico e das relações humanas pode levar a comunidade educativa a ser protagonista de um novo jeito de ser na sociedade: de relações de mais justiça, solidária e acima de tudo mais humana. Para que sejamos participantes desse conviver diário é imprescindível, portanto, a construção de espaços coletivos de encontro, estudos, discussões, orações, convivências, rituais como recurso metodológico adequado para facilitar o relacionamento interpessoal. Pois o princípio elementar para uma adequada convivência social em todos e em cada espaço de empreendimento das relações humanas também se aprende e se exercita dentro da escola.

Coloca-se assim uma dimensão de liberdade. A liberdade humana como a capacidade de transcender os limites de ordem material, corporal, sexual, psicológica, social, econômica, religiosa e cultural que envolve as pessoas. O humano é capaz de se assumir pela liberdade, transcen-

---
[2] Ver Documento de Santo Domingo, n. 278.

dendo todos os condicionamentos e de dar um novo sentido às atividades, por conseguinte à própria vida.

Para a pastoral escolar as estratégias que pretendem ser espaço na dimensão do cuidado devem considerar os sujeitos específicos na interação de uns com os outros. Pois é pela dimensão das relações humanas na escola, que será possível tratar e aflorar uma redescoberta da dimensão da crença e de uma fé que alimente e dê sustento à esperança como algo que seja norteador e dê sentido, como o é para os cristãos o projeto proposto por Jesus.

7

Espaços de Interação da Pastoral Escolar

> "Escola é, sobretudo, gente, gente que trabalha, que estuda, que se alegra, se conhece, se estima. O diretor é gente, o coordenador é gente, o professor é gente, o aluno é gente, cada funcionário é gente..."
> (Paulo Freire)[1]

A ação de cuidar desenvolvida pela pastoral na verdade é sempre uma interação com pessoas que são sujeitos de relações no âmbito escolar. Cada grupo de alunos, a equipe diretiva e seus coordenadores, familiares de alunos, professores, funcionários, colaboradores, os ex-alunos e membros da comunidade escolar, todos são pessoas que constituem o *espaço humano* das relações de cuidado.

As salas de aula, o pátio, a recepção, o auditório, a sala dos professores, a secretaria, tesouraria e departamento de pessoal, os laboratórios, as quadras esportivas

---
[1] FREIRE, Paulo. A Escola, Revista Nova Escola, n. 163, jun. 2003.

e tantos outros espaços físicos da escola estão impregnados de pessoas que se relacionam entre si e expressam em signos e símbolos, em significações afetivas, pedagógicas, simbólicas, religiosas, culturais. É em todos esses e tantos lugares houver que a ação de cuidar da pastoral escolar se coloca concretamente, nos espaços e nas atividades da escola, para acolher, intermediar e dar significação ao conviver humano. Assim, um princípio fundamental e transversal da pastoral escolar será sempre este: em toda iniciativa da pastoral estamos interagindo com pessoas e suas organizações, visando contribuir para o bem delas e da comunidade escolar.

Neste capítulo trataremos da atuação concreta da pastoral no espaço escolar e de como a pastoral se relaciona na escola com a própria estrutura que a sustenta.

Com os alunos de cada segmento

A atuação concreta da pastoral escolar com o aluno da primeira infância atua diretamente sobre as relações deste com o universo da escola. Um fato, os colegas, a família, uma paisagem, uma obra de arte, um rito, uma imagem atuam na sensibilização da criança e esta quer ver, tocar, sentir e fazer suas experiências de relação. Nos espaços de vivências e de representações concretas de signos a ação da pastoral atua diretamente ao apresentar de forma lúdica e celebrativa o que a identifica em sua identidade confessional e no carisma da instituição. Os espaços de ação da pastoral, e que atuam diretamente sobre as relações humanas infantis, fazem-se mediante a vivência de ritos, rituais, simbologias, representações plásticas e cênicas. É nos momentos das comemorações, celebrações e festas da escola e das datas religiosas do calendário cristão que a ação da pastoral contribui com um tipo de cuidado que leva a criança a estabelecer relações com ela mesma, com o outro, com o meio e com o simbólico.

a) Na fase do ensino fundamental I, a ação da pastoral contribui diretamente com as relações que as crianças estabelecem com as comemorações, festas, celebrações religiosas, o calendário cristão e vivências do ano litúrgico católico proporcionado pelo currículo da escola. Nesta etapa, em geral, as crianças começam a catequese ou participam de escolas dominicais e ficam tanto sensibilizadas pelos ensinamentos de suas igrejas locais, quanto instigadas pelas aulas de ensino religioso. É um espaço em que o aluno pergunta, quer saber e se relaciona com aspectos da vida de Jesus, da relação dele com a sua família, do jeito que ele era e tratava as pessoas.

A ação da pastoral nos momentos e espaços celebrativos e de comemorações atua sobre as relações que essas crianças estabelecem com alguns signos, diretamente das relações entre elas com o meio e com os adultos. Há, nessa faixa etária, do fundamental I, uma curiosidade inerente para saber sobre orações, entender o que é o terço, ler a Bíblia, participar de um tríduo, saber o que é uma novena, ouvir histórias bíblicas, dentre outras práticas da tradição cristã e católica. O que chama muito a atenção das crianças é a vivência concreta de ritos e especialmente de ritos religiosos. Elas se envolvem, preparam-se, vestem-se a caráter, gostam de usar simbologias e de serem os 'atores', ou de efetivamente participar com uma interpretação própria. Há, nessa fase, uma ação concreta da pastoral escolar, que atua sobre as relações que a criança estabelece com representações e vivências de práticas religiosas, mas que estão relacionadas com o outro, com os espaços e com as simbologias trazidas de casa, de suas famílias.

b) É no ensino fundamental II que em geral a pastoral escolar começa a encontrar seus maiores desafios. Trata-se da fase da adolescência, momento em que a ação da pastoral deve perceber as expressões e espaços de protagonismo desse momento da vida, é o cuidar da vida a partir do jogo de interesses deles. A ação da pastoral escolar é ser preponderantemente espaço de acolhimento, de escuta e de respeito.

Os adolescentes são usualmente dispostos a colaborar e ajudar, quando lhes são delegadas funções e, principalmente, quando lhes são feitos convites diretos e personalizados, isso os sensibiliza para uma atuação de relação com o outro. A ação da pastoral nessa fase precisa ser atraente e envolvente, como é o adolescente. O importante é que nesse espaço a ação pastoral esteja atenta, não perca a oportunidade e postule o exemplo ou o modelo do projeto cristão de vida.

Para os adolescentes, a ação da pastoral atua no espaço das relações que eles têm com o seu próprio universo: leituras, filmes, DVDs, jogos, histórias de heróis, desafios que tenham certa magia e mistério. Se bem colocados e com uma finalidade concreta, atuam e recolocam as relações entre eles e deles com os adultos. É por isso que, na ação da pastoral, os dias ou momentos fortes de encontro entre eles, os espaços de formação humana cristã e de convivência, as dinâmicas e atividades de grupos e as tarefas para organizar ações direcionadas para uma causa surtem efeitos até imediatos nas relações entre eles, com o outro e com o meio.

c) No ensino médio a ação da pastoral conta com os alunos que são filhos de famílias católicas. São jovens que participam de suas paróquias ou comunidades, atuando em grupos de jovens ou de outros serviços, preparando-se para a Crisma, colaboram em grupos da igreja ou da comunidade. Nessa faixa etária, a ação da pastoral é potencializar as ações pertinentes aos interesses dos jovens. Há espaço, por exemplo, para grupo juvenil, equipe de jovens que pense e articule, para outros jovens, reflexões, celebrações, ações sociais, colaboração no espaço escolar, dentre outras. Em algumas realidades, a ação da pastoral constitui ainda grupos de trabalho extraclasses, como preparo para a Crisma, grupos de oração, bandas de música, dentre outros. Em outras situações, é possível ousar mais com alguns jovens e envolvê-los diretamente com causas de uma instituição ou comunidade carente, mediante um pequeno projeto, no decorrer do ano letivo ou em período das férias escolares.

Com grupos específicos de alunos e ex-alunos

No espaço escolar aparecem vários outros sujeitos que se constituem em grupos específicos para os quais a ação pastoral entra na dimensão das relações humanas dos mesmos com o intuito de acolher, ouvir, fazer refletir e ajudar a vislumbrar caminhos. Nesse aspecto, há grupos diversificados por faixa etária e que atendem, por exemplo: filhos de pais separados; alunos que enfrentam situações e tratamento de doenças pessoais ou familiares; alunos portadores de síndromes e com dificuldades de aprendizagem; alunos que precisam ficar na escola em períodos além do horário das aulas; alunos que partilham e colaboram com os colegas que enfrentam dificuldades de aprendizado dos conteúdos escolares; e tantos outros.

Há também o grupo dos ex-alunos, e a ação da pastoral está presente nos momentos fortes de encontros, partilhas, celebração e de aprofundamento espiritual. Concretamente, a pastoral conta com esse grupo, dos quais muitos já são pais e profissionais da própria escola, para projetos específicos, ações sociais da escola, momentos celebrativos fortes, grupos de partilhas sobre experiências profissionais, e como colaboradores para a catequese, a crisma, o grupo jovem e outros que a escola tiver.

Com os professores e pessoal de serviços na infraestrutura

Com o corpo docente a ação da pastoral nas relações humanas atua na dimensão de referenciais para a função que os docentes exercem, para que sejam os portadores dos valores de um educar que humanize e que promova o ser humano. Os espaços de atuação da pastoral, neste caso, passam pela participação e envolvimento com o processo da formação em serviço. Muitas vezes, não há tempo e espaço hábil no espaço educativo do professor para um tipo de ação mais delongada e estruturada da pastoral escolar. No entanto, o profissional da pastoral e sua equipe estão presentes nas reuniões pedagógicas educacionais, nos conselhos de classe, nas reuniões de planejamento, nas formações em serviço e interferem com reflexões que colaboram com o conhecimento sobre os fundamentos da educação cristã, da escola católica e de sua espiritualidade.

Por essa razão é uma ação da pastoral se colocar nas brechas e nas interpelações das relações humanas em todas as instâncias da escola, mas, principalmente, atuar junto à equipe pedagógica educacional para desencadear e efetivar uma formação permanente que ajude o professor a refletir e a agir em sala de aula, a partir das concepções que a escola tem de educação e do projeto cristão de vida.

Além disso, a pastoral se vale de alguns tempos fortes do calendário litúrgico católico. Dentre os muitos exemplos de atividades que podem ser utilizadas para envolver e formar professores, alunos, pais e funcionários, podemos citar: na Quaresma, sensibilizações e ações concretas motivadas pela Campanha da Fraternidade; no mês de maio, a coroação de Nossa Senhora; em agosto, reflexões sobre profissões em sala de aula, motivadas pelos próprios professores e subsidiadas por material preparado pela pastoral; em setembro, grupos de estudo bíblico; em outubro, campanha missionária desenvolvida pela Igreja, dentre outros.

A pastoral também deve estar atenta à abertura do profissional de hoje, professor e funcionário, ao trabalho da dimensão da espiritualidade. São pessoas que muitas vezes precisam e estão buscando amparo, apoio e orientação. O trabalho que atinge as necessidades do cotidiano acontece através de espaços de partilha, trocas e reflexão. Também por meio de celebrações diversas na capela como para os aniversariantes do mês, momentos mais personalizados de atenção por conta de doenças ou perdas, celebração conjunta de conquistas pessoais e de datas como o dia da escola e do/a fundador/a, entre outros.

Nesse sentido, reconhecendo o anseio pela espiritualidade (lugar de encontro e de relação por excelência) como uma das grandes buscas e carências das pessoas de nosso tempo, a pastoral busca proporcionar também encontro--retiros, estudos, reflexões pontuais, cursos com aspectos mais teológicos e/ou sobre aspectos da doutrina social da igreja para interessados em conhecer mais o cristianismo, a igreja, o carisma da instituição/congregação e aprofundar a própria fé.

Com os familiares responsáveis pelos alunos

O subtítulo amplo desse tópico visa respeitar as variações atuais dos modelos familiares. Os pais são naturalmente a primeira referência, e com eles outras pessoas que se responsabilizam pelos alunos. Aqui está um importante grupo de pessoas para o qual se coloca uma gama enorme de interações da pastoral na dimensão das relações humanas. A pastoral é o espaço escolar de uma relação direta com as famílias cristãs e católicas, para cuidar e encaminhar os filhos à iniciação cristã. Mas além deste espaço confessional há muitas outras situações em que a pastoral escolar pode estar desafiada e atuar. Um desafio muito frequente é exatamente fazer ponte entre famílias de diferente confissão religiosa para compreenderem melhor como se dá o contato de seus filhos com a identidade católica. Há também conjunturas vivenciadas em família que incidem sobre a educação de seus filhos e que podem abrir espaços para uma interação da pastoral, como tensões ou até separações conjugais que repercutem nos filhos e sua vida escolar; ou o próprio modo da relação com os filhos; os momentos de doenças e de perdas são, entre outras, ocasiões oportunas de uma interação construtiva. A ação da pastoral com as famílias, na dimensão das relações humanas, é uma disposição concreta e abertura de espaço/tempo para ouvir e chamar à reflexão e à partilha de vida. Obviamente seria equivocada qualquer atitude de interferência na vida familiar. Mas colocando em foco os filhos, alunos da escola, há sempre uma razão para se partilhar a responsabilidade pelo bem deles.

No aspecto da família, há momentos fortes da cultura local nos quais a pastoral escolar está envolvida, com celebrações específicas, como o dia da família, das mães, dos pais. Outro espaço da ação da pastoral e que envolve os pais na relação com o outro são os projetos solidários e sociais organizados pela escola. Ainda nas relações familiares, é conveniente ter presente que muitas vezes os avós dos alunos têm uma importância afetiva e educacional toda particular. Isto sugere, quando for o caso, incorporá-los devidamente nas iniciativas da pastoral. O mesmo se diga de alunos que por diferentes motivos tiverem por eles pessoas responsáveis que não sejam seus familiares mais próximos. A criança e o adolescente não devem ser discriminados de nenhum modo por causa disso. Os avós representam laços afetivos diferenciados por exatamente se somarem aos pais e enriquecerem o imaginário da vida, a memória existencial e a experiência afetiva de imensa contribuição para a formação dos alunos. Algum momento de encontro, convívio, espiritualidade, lazer e trocas com os netos pode ser uma forma criativa de grandes trocas afetivas e também de sabedoria de vida.

Com equipes de direção e gestão escolar

a) *Com a direção e membros da gestão escolar* à primeira vista parece que a pastoral escolar não teria nada o que fazer, a não ser assumir suas diretrizes e decisões. Mas existe aqui um engano que pode ser fatal do ponto de vista ético. De fato, uma visão crítica que se guie pela ética é indispensável à responsabilidade do cuidar cristão. Sabemos que a corrupção tem muitas formas de se instalar e de se proteger. Neste sentido toda a organização escolar deve estar atenta, e a direção é sua primeira responsável. Mas nem sempre gestores e diretores conseguem acompanhar a ética da escola em seu cotidiano. Ao contrário, a pastoral escolar por sua própria forma de atuação tem muitos contatos em que se depara com pontos fortes, mas também com pontos frágeis e ambíguos da vida escolar; podem dimensionar às vezes melhor até mesmo o alcance de suas diretrizes. Assim a pastoral escolar pode ser uma importante parceira e voz na defesa da transparência ética e sua adequação nas relações entre direção e a vida da comunidade escolar. Organizações que envolvem muitas pessoas adotam frequentemente uma ouvidoria para fazer este serviço humanitário e facilitador. No caso, a pastoral escolar pode suprir de algum modo este serviço. Mas para isto é também necessário que tenha autoridade para chegar à direção e expor suas percepções sem ser interpretada como ingerência ou oposição. Melhor ainda seria esta ajuda periodicamente agendada pela própria diretoria, como uma importante contribuição.

b) Com a equipe pedagógica educacional, a pastoral atua nos espaços de reflexão e organização geral da escola. Nessa instância, a ação principal da pastoral escolar se coloca na ajuda para refletir e fazer perceber a execução de um processo educacional que contribua com a educação e os valores cristãos. De fato, a pastoral exerce na escola um serviço educacional que junta muitas pontas, às vezes soltas, entre as áreas específicas da educação. Assim, é coerente que os promotores da pastoral participem com a equipe pedagógica educacional em suas reuniões e discussões. Estes espaços podem ser ajudados por outros momentos fortes, relacionados com o aprofundamento espiritual da equipe como: celebrações específicas, retiros, leituras, reflexões e partilhas. Além disso, a pastoral pode e deve contribuir na relação da equipe pedagógica educacional junto aos alunos, pais, professores, funcionários e a comunidade.

c) Com a equipe técnica e os colaboradores, a ação da pastoral olha e cuida de uma formação permanente no espaço escolar para também assegurar que a atuação dos mesmos se faça nas linhas do projeto cristão de vida. As relações que estabelecem com a comunidade educativa demandam que haja reuniões formativas, momentos celebrativos e de apoio, por parte da pastoral escolar, para questões que surgem no trabalho com alunos, pais e a comunidade em geral. Trata-se de um grupo que necessita especialmente do cuidado da pastoral, como espaço para ser ouvido e atendido em momentos pessoais e de grupo; em questões da própria vida, dificuldades, medos, inseguranças. As relações humanas são expostas nos momentos fortes de espiritualidade, reflexões e partilhas no grupo, pois é onde os participantes se orientam e fortalecem para recolocar, restabelecer e ter um referencial para a própria atuação.

Indo além do âmbito escolar e... de si mesmo

a) Indo além dos âmbitos intraescolares, a pastoral também encontra possibilidades de boas iniciativas em relações extra escola. Participa, sugere, promove iniciativas que se abrem à participação de outras pessoas convidadas ao que se realiza na escola. Também mantém uma relação de apoio e colaboração às causas que a comunidade escolar assume, como: casas de assistência a crianças carentes ou com necessidades especiais; casas de idosos; casas de recuperação de narcodependentes; e outras entidades e grupos da realidade local. Como relação humana concreta, representa de algum modo a escolar em marcar presença solidária junto a familiares de alunos e funcionários em situação de doença e de morte. Em algumas situações se torna a instância adequada para promover e facilitar reconciliações ou pelo menos a superação de estranhamento entre pessoas na escola, pais e alunos. Há ações da pastoral que se envolvem ainda com questões mais amplas e externas de ajuda humanitária no sentido global, como: envolvimento em campanhas de ajuda humanitária nacional ou internacional; inserção em projetos que envolvem causas ecológicas; envolvimento com abaixo-assinados; e tantos outros que inserem e motivam a comunidade escolar.

b) *Ir além de si mesmo* é uma necessidade para quem atua na pastoral escolar. O senso dos próprios limites por parte de quem atua na pastoral escolar determina uma atitude de humildade, mas não de baixa autoestima e humilhação. Ao contrário deve servir de estímulo para transpor barreiras, melhorar, buscar atualização e se enriquecer de outras experiências através de estudos e intercâmbios com outras instituições similares. A Bioética moderna fala hoje da *estafa dos cuidadores*, especialmente a respeito de quem presta cuidados clínicos e acaba se cansando de cuidar sem ter quem deles cuide. A pastoral escolar pode se valer desta preocupação. Não convém viver sempre do próprio respiro; é bom muitas vezes permitir que outras pessoas nos soprem do seu respirar.

c) *Alguns serviços de pastoral não propriamente escolar* muitas vezes são solicitados à pastoral escolar. Alguns são acompanhar alunos e participar nas atividades pedagógicas como em festas, olimpíadas, estudos extraescolares, excursões, eventos em geral. Outros são de alçada mais dos espaços eclesiais do que dos escolares. Embora se deva sempre estar atento para não se confundir a pastoral especificamente escolar com outras necessidades pastorais, há interações possíveis com a comunidade eclesial, paroquial ou não. Entre as solicitações que mais claramente aparecem como sendo de alçada das comunidades eclesiais muitas escolas prestam tais serviços, em geral a título de atividade extraescolar, entre os quais se encontram os seguintes:

– *Assessorar a equipe diretiva e de coordenação* para contribuir com reflexões em termos da educação da fé;

– *Catequese*. É o aprofundamento da fé cristã que envolve preparação extraclasse para batizado, primeira Eucaristia, Crisma, Casamento; grupos de 'perseverança', jovens, pais, avós; grupos de 'filhos de pais separados'; grupos 'inter-religiosos' para aprofundamento da Palavra, levando em conta o número crescente de jovens evangélicos nas escolas católicas; leituras bíblicas; e iniciativas semelhantes.

– *Dimensão missionária*. Colaborar na articulação da escola e de seus grupos, com a Igreja local e integrar a escola na pastoral mais ampla da igreja, paróquia e ou diocese.

Com o inegável valor desses serviços deve-se, entretanto, analisar bem a conveniência em distingui-los dos serviços educacionais específicos, pertinentes à comunidade escolar, sem se confundirem com atribuições da comunidade paroquial ou de comunidades eclesiais; inclusive porque às vezes tais iniciativas são motivo de tensões entre escolas e tais comunidades.

Momentos e Oportunidades

A ação da pastoral numa escola envolve diversos níveis e dimensões das relações humanas e experimenta inúmeros momentos e oportunidades quando das celebrações comunitárias com alunos, funcionários e professores; celebrações alusivas às festas do calendário cristão, dias comemorativos e datas celebrativas; celebrações e acompanhamento em momentos especiais quando solicitadas por alunos, famílias, professores e funcionários em situação de doença, falecimento; momentos devocionais, celebrativos, de reflexão e de espiritualidade; pedidos específicos de intenções/orações; reflexões e mensagens para situações específicas; atendimento a familiares, alunos, funcionários e demais que procuram e precisam da ação da pastoral; momentos de oração no pátio, na capela, nas salas, nas reuniões/encontros; organização e realização de momentos celebrativos ao longo do ano, como dia das mães, dia do padroeiro, dia dos pais, páscoa, natal, dentre outros; dinamização dos meses temáticos, como o mês vocacional, da bíblia, missionário; organização de retiros para alunos, educadores e pais; promoção de campanhas e ações solidárias; articulação e assessoramento a grupos de jovens e da pastoral da juventude estudantil; participação em Campanha de Fraternidade (CNBB); campanhas solidárias; coroação de Nossa Senhora; novena de Natal; celebrações da Eucaristia; oração do terço; celebração de conclusão de curso; ações sociais e comunitárias; celebrações da Palavra; encontros de vivência; participação e acompanhamento de jovens estudantes em ações e projetos sociais.

Muitos desses momentos e oportunidade decorrem da identidade católica da pastoral escolar, e já mencionamos anteriormente algumas sugestões sobre como conduzi-los. A criatividade em ocupar essas oportunidades e modalidades se soma com a perspicácia em dar neles o toque de qualidade respeitosa e construtiva para a educação integral das pessoas.

Algumas solicitações frequentes à pastoral escolar nas escolas são as seguintes:

– Atuar de forma integrada na organização das atividades das áreas de estudo, visando à interdisciplinaridade e ao clima da escola em pastoral;

– *Celebrações e Espiritualidade*. É o espaço e articulação do cultivo da mística cristã através de celebrações Eucarísticas, da Palavra, orações em reuniões, no pátio da escola, na sala de aula e eventos em geral. Dentre as atividades neste programa há, por exemplo, a abertura religiosa de um mês específico, de uma semana ou de um dia letivo especial, feita coletivamente ou em cada classe, com o grupo de professores, com o grupo de funcionários e outros dos espaços escolares.

– *Encontros e momentos de formação*. São os momentos de reflexão, convivência e partilha com alunos, professores, pais e comunidade.

– *Ações solidárias*. Organizado e articulado com grupos de alunos, professores, pais e funcionários, o envolvimento em causas eco-social-solidárias.

– *Espaços de nucleação*. O trabalho com a formação de pequenos grupos, 'a experiência de comunidade', de alunos, funcionários, professores, famílias. É onde se oferece a oportunidade de vivenciar valores cristãos, através de reuniões semanais, convivências, encontros e engajamento em ações concretas.

Dessa breve incursão nas práticas e iniciativas concretas da pastoral escolar se pode perceber a enorme gama de experiências que circula entre as diferentes instituições e enriquecer as pessoas que se dispuserem oportunamente a intercâmbios e discussões sobre as melhores formas de interagir nesses espaços.

8

Planejando a Pastoral Escolar

A escola é um conjunto orgânico de estruturas educacionais necessárias para levar à prática um projeto educativo em determinados níveis evolutivos da pessoa. Quando esse projeto educacional assume uma intenção de cuidar, sob uma perspectiva eclesial, então se diz ser uma "escola católica". Para responder à comunidade a escola precisa de uma organização, de uma infraestrutura, um plano de atuação e o planejamento para suas ações. Cada serviço que compõe a escola também se orienta por uma organização, dentro de uma organização própria e de um planejamento anual específico. Com a pastoral escolar deve acontecer o mesmo. Veremos neste capítulo os componentes de uma pastoral escolar pensada, planejada e assumida.

Uma base fundamental

Para que qualquer ação escolar se efetive, é necessário ter à sua frente pessoas capacitadas e com preparo profissional. Também é necessário que se assegurem espaços físicos próprios e adequados para que essa ação possa ser realizada. Assim, uma escola em pastoral e que tem a preocupação de cuidar de pessoas precisa primeiramente cuidar dos cuidadores e habilitar pessoas para o serviço que vão desempenhar. A sociedade civil zela através de exigências legais para que os serviços de educação formal tenham o devido preparo profissional de pessoas, e de infraestruturas adequadas para seu desempenho. Em áreas eclesiais ainda se paga muitas vezes um tributo à espontaneidade e disponibilidade para as ajudas, com base apenas na boa vontade em meio a recursos limitados. A pastoral escolar, por esta razão ou outras semelhantes, pode às vezes se encontrar neste círculo que, mesmo sendo bem intencionado, não é suficiente. As escolas, por sua própria necessidade de organização, têm em geral possibilidade de investir na implementação do que se faz necessário para o bom desempenho de sua pastoral escolar. As bases fundamentais para isto são:

a) Coordenador/a de pastoral: uma pessoa profissionalmente capacitada e preparada para notar e compreender as principais demandas da escola; ser capaz de articular os diferentes segmentos, faixas etárias, diferentes grupos; ter iniciação acadêmica de teologia cristã; ter visão pedagógica; entender sobre a didática de ensino e aprendizagem.

b) Equipe de pastoral: profissionais preparados e sensíveis à pastoral no espaço escolar. Um coordenador solitário empobrece a dimensão da pastoral. É preciso que se constitua uma equipe que cuide, dedique-se, olhe, pense, proponha, execute e acompanhe eficientemente as ações concretas de pastoral. Em geral, quanto maior o número de membros da comunidade escolar, tanto maior se faz necessária a equipe de pastoral. Nem todos os integrantes da equipe precisam ter tempo integral de dedicação. Mas também só atrapalha ser da equipe sem ter tempo para ela.

c) Espaço físico: a pastoral escolar necessita de um espaço físico para sua referência na escola, para seus trabalhos de organização e produção de materiais e para a equipe se reunir. Além disso deve dispor de acesso a espaços para realizar suas atividades, como salas e miniauditórios equipados com multimídia e subsídios. Numa escola católica uma capela ou oratório será indispensável. Hoje, até hospitais e aeroportos têm esse espaço. É recomendável dotar a capela com recursos pedagógicos como livros, bíblias, som e mobiliários adequados para acolher alunos, professores, pais e comunidade.

d) Espaço de formação: são os espaços constituídos para reuniões e oração, nos quais também a equipe de pastoral estuda, reflete, aprofunda e organiza a dimensão de sua ação.

e) Horários: são espaços organizados no cronograma da escola para cada proposta, para que a ação da pastoral escolar se efetive. Esses espaços contemplam as reuniões, os encontros, as celebrações, os atendimentos, além das formações específicas da pastoral. O valor que se dá à pastoral se mostra muitas vezes nos detalhes da sua inserção nos cronogramas da escola.

f) Material de apoio: recursos didático-pedagógicos, CDs, DVDs, para implementar e manter as atividades da pastoral, de acordo com as faixas etárias e as especificidades dos grupos que são atendidos.

g) Estratégias: comunicação sistemática das ações da pastoral a todos os setores da escola, incluindo educadores, educandos e pais; desenvolvimento e participação em projetos interdisciplinares; utilização de linguagens artísticas para sensibilizar e envolver crianças, adolescentes e jovens; elaboração do plano de atuação e do planejamento das ações que serão explicadas a seguir.

Saliente-se que, para que a elaboração e a execução das atividades pastorais sejam eficientes, adequadas e pertinentes, elas precisam se dar de forma participativa, incluindo, quanto menos não seja, representantes dos diversos grupos envolvidos. Voltaremos a isso na última seção deste livro.

Plano de Atuação da Pastoral e Planejamento das Ações

Para que a pastoral possa ter bom desempenho, não basta ter equipe e locais com que ela trabalhe; é necessário também ter claro aonde se quer chegar e os meios de que se lançará mão para tentar alcançar esse objetivo. Para isso, dois instrumentos bastante importantes são o plano de atuação e o planejamento de ações. Em linhas gerais, o primeiro determinará os objetivos gerais da atuação pastoral para o período especificado (um ou alguns anos), assim como as prioridades que a pastoral assumirá em suas atividades, de modo a melhor realizá-los. Isso é importante, para que a equipe pastoral não se perca na realização de um sem-número de atividades que podem ser até interessantes isoladamente, mas que não se articulam organicamente. O plano tem a intenção de potencializar a efetividade da ação pastoral, de sorte que os frutos de acolhida, formação, acompanhamento e serviço sejam tão abundantes e saborosos, quanto possível.

De sua parte, o planejamento das ações teria um caráter mais operacionalizante, projetando detalhadamente todas as atividades definidas no plano de atuação, de modo a tentar garantir que elas deem, tanto quanto possível, os frutos esperados.

Em termos mais detalhados, esses dois instrumentos de planejamento, no contexto da pastoral escolar, poderiam ser apresentados da forma a seguir.

a) Plano de atuação: são os elementos que orientam a organização de um plano geral de ação. É o plano que olha de onde se parte e aonde se quer chegar. Para se constituir um *plano de atuação* é necessário ter claro:
– *Objetivo geral*: o que se quer atingir e aonde se quer chegar com a pastoral escolar.
– *Dimensões* sobre as quais o *plano de atuação* da pastoral se estrutura.

• *Dimensão do Anúncio/Testemunho:* explicita a estrutura de atividades do ano, ou os momentos chaves e fortes da ação da pastoral de um determinado ano letivo. Quais festas, celebrações, momentos formativos serão privilegiados, em função do objetivo geral que nos demos para este ano? O que queremos com elas?

• *Dimensão do Diálogo/Pluralista*: explicita as ações e espaços de diálogo e de protagonismo com cada grupo de sujeitos da comunidade escolar. Em função do objetivo que assumimos, quais grupos da comunidade escolar priorizaremos neste ano? Quais frutos estamos buscando com este trabalho?

• *Dimensão Celebrativa/Solidária*: explicita espaços de partilha, de aprofundamento e das experiências. Quais momentos formativos, de encontro/partilha, de espiritualidade, e outros, priorizaremos ao longo do ano? Em função do objetivo geral que assumimos, que frutos buscamos com eles? Na dimensão celebrativa/solidária é fundamental envolver alunos, professores, pais, comunidade desde o planejamento até a operacionalização. Estes precisam saber com clareza os motivos que levam a celebrar tal fato ou data, para que o motivo perpasse toda a celebração.

• *Dimensão Estrutural*: aspectos administrativos e burocráticos que auxiliam a operacionalização do projeto. Ou seja, em função do objetivo geral que assumimos, do que precisamos? Com o que contamos? Qual a melhor e mais eficiente forma de utilizar? Como incrementar para melhorar?

• Esse seria, então, o plano de atuação da pastoral, uma carta de intenções que a equipe pastoral se dá para o período que se propôs a planejar. De posse dele, é necessário, agora, detalhar cada uma das atividades previstas, de sorte que sua realização possa dar os frutos que esperamos delas. Esse será concretamente o planejamento das ações da pastoral escolar.

b) Planejamento das ações da pastoral escolar: é o conjunto de atividades específicas propostas para serem trabalhadas e estabelecidas ao redor de uma necessidade, de uma demanda, de um problema ou de um serviço a ser desenvolvido e estruturado em fases. No planejamento das ações da pastoral escolar se articulam procedimentos diferenciados e integrados, através do tratamento da informação e de experiências que favoreçam os envolvidos nele.

Implementando um Plano de Pastoral Escolar

Sabemos o quanto a pastoral pode idealizar e realizar (primeira seção), assim como a importância de um planejamento adequado para que ela não se perca em um sem-número de ações desconexas e pouco efetivas (segunda seção).

Ficou por analisar, contudo, a questão metodológica, (como construir esse planejamento) e a avaliativa (como mensurar sua eficácia e pertinência, e a coerência/consistência dos seus frutos). É o que passamos a fazer nesta última seção a seguir.

a) Do Projeto Pedagógico ao planejamento geral da pastoral escolar.

O plano de pastoral escolar possui como finalidade promover o itinerário cristão dentro do Projeto Pedagógico, garantindo a coerência entre a ação educativa e a razão de ser da escola católica; explicitando o processo de iniciação cristã ao longo de todo o processo educativo; levando em conta as diversas frentes e níveis da ação da pastoral na escola.

Esse plano, contudo, não é nem pode ser estático, mas deve se atualizar a partir da solidariedade, da justiça e da inserção na igreja local, priorizando experiências significativas, com a participação de religiosos, pais, professores, alunos e ex-alunos, comunidade. Além disso, ele deve incluir critérios para avaliar constantemente o caráter social e político da educação e de suas práticas, diante da mudança reclamada pela comunidade local.

Na primeira parte deste livro optamos por apresentar elementos teóricos para sistematizar o processo de pastoral na escola. Propomos agora um exercício de operacionalização de todo este referencial, para que se efetive o plano de pastoral e para que explicite a política da ação pastoral da instituição que é o fazer memória; saber da intencionalidade; e o exercício para a execução de um plano de trabalho.

Com o objetivo de recolher contribuições e trazer presentes o envolvimento e a participação da comunidade escolar e equipe diretiva, pedagógica educacional, representação de funcionários, alunos, ex-alunos e pais – para a elaboração de um *plano de atuação* e do *planejamento das ações* da pastoral, integrado ao pedagógico educacional da escola, propomos um exercício a ser feito em diferentes momentos e grupos.

- 1º momento fazer MEMÓRIA
– o diagnóstico
ONDE ESTAMOS?

1. Qual a história da instituição?
2. Onde ela está situada? Qual a realidade da comunidade escolar?
3. Quais são as atividades pedagógicas e de pastoral que realizamos?
4. Quais nos parecem ser nossas maiores e mais urgentes necessidades atuais?

- 2º momento saber da INTENCIONALIDADE
– o referencial
O QUE PRETENDEMOS?

1. Identidade: cristã-católica – o que entendemos?
2. Carisma: institucional – qual é o específico em que trabalhamos?
3. Concepção: educação – o que fundamenta a escola?
4. Proposta: pastoral escolar – o que queremos fazer?

Solicitar aos grupos organizados que ajudem a pensar a pastoral escolar, que reflitam e discutam critérios e registrem suas concepções. A finalidade dessa dinâmica converge para delinear referenciais e sugestões para o plano de trabalho a ser implementado:

- Buscar no projeto educativo de sua escola as definições ou orientações dos critérios de: *concepção de educação; identidade e carisma da escola,* e elaborar pequena síntese.

• Solicitar que o pedagógico escreva em poucas palavras: *concepção religiosa; características pedagógicas do contexto de trabalho onde se encontra a instituição; desafios que enfrentam; metas e objetivos a serem atingidos; e critérios que utilizam para selecionar as atividades pedagógicas.*

• Recolhidas as concepções pedagógicas solicitar aos grupos organizados para ajudar a pensar a pastoral escolar, que eles reflitam e discutam critérios e registrem suas concepções que possam dar referenciais para o plano de trabalho a ser implementado.

Para ajudar organizar o resultado desse trabalho dos grupos, a tabela abaixo pode ser interessante.

CRITÉRIOS	PEDAGÓGICO	PASTORAL
Concepção de educação		
Identidade/ Carisma da instituição mantenedora		
Concepção religiosa		
Características do contexto em que se encontra a instituição		
Desafios enfrentados pela instituição		
Metas e/ou objetivos a serem alcançados		
Critérios para selecionar as atividades a serem desenvolvidas		

3º momento elaborar o PLANO DE TRABALHO
COMO FAREMOS?

Recolhidas as intenções, sugestões e necessidades, e sabendo dos desafios presentes na comunidade escolar será possível, para a equipe responsável por isso, passar mais concretamente para a organização do plano de atuação e do planejamento das ações.

Feito isso, essa equipe deverá comunicar à comunidade educativa o resultado do trabalho do qual a comunidade também participou. Os pontos que não podem faltar na apresentação são os seguintes:

a) Plano de Atuação

– Apresentação – explicitação à comunidade escolar do plano de atuação.

– Objetivo geral – aonde se quer chegar com o plano de atuação.

– Dimensões sobre as quais o plano de atuação da pastoral se estrutura

- *Anúncio/ Testemunho* – O que será feito?
- *Diálogo/ Pluralista* – Para quem será feito?
- *Celebrativa/Solidária* – Como será feito?
- *Estrutural:* o administrativo e burocrático que auxiliam a operacionalização do projeto.

b) Planejamento das Ações da Pastoral Escolar

– Tema – em geral é anual e vem de grandes temas do momento, por exemplo: ano jubilar; campanha da fraternidade; assunto internacional promulgado pela Igreja, pela UNESCO, pela CÁRITAS, pela CNBB, pela Pastoral Juvenil Nacional, pelo MEC, dentre outros.

– Justificativa – justificativa do plano de atuação da pastoral escolar que está sendo proposto.

– Objetivos específicos – desmembramento do objetivo geral que está no *plano de atuação*. – Organizar didaticamente em alguns passos a serem dados para atingir o que é proposto no objetivo geral.

– Metas – a quem se destina, o que se pretende trabalhar e atingir.

– Desenvolvimento – calendários, tarefas, envolvidos e responsáveis pelas ações propostas.

– Avaliação – programar momentos pontuais de parada no decorrer do ano, de oração, reflexão, releitura, revisão e retomada do plano de atuação e do planejamento das ações da pastoral.

No final do ano, para medir a eficiência do plano de atuação e do planejamento das ações, seria importante organizar um momento avaliativo amplo, contando com a participação de representantes dos diversos segmentos da comunidade educativa. Percorrendo as principais dimensões do plano – Anúncio/Testemunho; Diálogo/Pluralista; Celebrativa/Solidária; Estrutural – deve-se avaliar como se deram e repercutiram as ações da pastoral.

Para preparar a *avaliação anual* retomar e destacar aspectos tratados na primeira parte deste livro e que não foram tratados ou não apareceram nas ações da pastoral escolar do ano em curso e propor que alguns membros – da direção, da equipe pedagógico educacional, professores, alunos, funcionários, pais – leiam, estudem e encaminhem uma proposta para o replanejamento.

Para que aconteça o Plano de Atuação da Pastoral Escolar

É importante ter presente e considerar que o plano de atuação e o planejamento das ações da pastoral escolar só se efetivam na interação com os sujeitos que a constituem. Ou seja, a consequência de existir e de ser de uma pastoral escolar é dada em primeiro lugar por um projeto pedagógico. É impossível pensar, propor e fazer pastoral escolar sem ter o parâmetro e a referência de um projeto pedagógico que norteia toda a ação educativa. Assim, a pastoral escolar só se sustenta, projeta e atua na interação direta com o "que" e o "como" de um projeto pedagógico concreto.

Consequentemente, a gestão escolar está implicada como sujeito de relação direta com a pastoral escolar. Sem esse canal não se faz pastoral escolar, ou não se presta um serviço eficiente de atenção e cuidado às pessoas concretas e aos ambientes que constituem uma escola. E quando falamos em gestão escolar nos referimos tanto às instâncias de direção administrativa quanto à pedagógica, já que uma escola se faz com a atuação de ambas as funções.

Nessa mesma perspectiva, a pastoral escolar tem sua razão de ser e de atuar na interação direta com o corpo docente e discente. Ou seja, professores e alunos, com seus familiares, são sujeitos diretos nas interações da pastoral escolar; e por consequência são desejados como multiplicadores e colaboradores no plano de atuação e de planejamento da pastoral escolar.

Dentre os sujeitos com os quais a pastoral escolar interage é necessário perceber que não se presta um serviço com eficiência e qualidade profissional quando não se contempla ou não são dadas as devidas condições de pessoal e de infraestrutura. Daí a importância de perceber que, numa escola católica, a pastoral escolar traz exigências que vão além do espontaneísmo ou apenas boa vontade para práticas confessionais e atividades solidárias.

Da pastoral escolar depende muito a identidade cristã católica da escola e a qualidade que dignifica a instituição educacional, que vai além do simples ensino formal cognitivo. Ela contribui essencialmente para traduzir na escola uma atualização do Carisma institucional, de modo adequado ao tempo e ao lugar geográfico em que se situa. Por ela passa também a força espiritual para que cada pessoa participe efetivamente do processo de ensino e aprendizagem com atitudes respeitosas e solidárias de ajuda e cuidado, visando sua educação integral.

Estas indicações sobre o planejamento da pastoral escolar estão oferecidas como contribuição para estabelecer referenciais e subsídios a escolas na construção ou eventuais revisões de seus programas. Sabemos da grande variedade de situações em que se encontram as escolas católicas. Assim, estas sugestões gerais terão diferentes aproveitamentos. De qualquer modo toda construção de um plano geral e a operacionalização de planejamentos supõem um caminho adequado aos próprios contextos, a ser descoberto em meio a desafios sempre novos. Como não há conhecimento pronto e acabado, uma proposta de pastoral escolar continua sendo um ideal, um caminho a ser perseguido e prosseguido, em cada escola católica, onde educadores em parceria empenhem-se na reflexão, estruturação e sistematização de uma prática educativa.

Conclusão

Ao final deste livro vamos retomar as provocações feitas na introdução. Assumimos um conceito básico de *pastoral escolar* que se desgarra de uma restrita preocupação confessional religiosa, não para negá-la, mas para recuperar as bases primeiras dos vínculos que nos enlaçam inexoravelmente na vida em sociedade. Entendemos que a pergunta bíblica de Caim para Deus "sou por acaso guarda do meu irmão?" é uma pergunta paradigmática que continua sendo respondida através da História.

De modo implícito ou explícito, muitos respondem que não somos. Nascem daí as violências, competições antagônicas, discriminações e descompromissos; e quando esta resposta negativa provoca a própria origem das inequidades, das misérias, sofrimentos e mortes, torna estas situações mais agudas e ameaçadoras. De outro lado são muitos também que, através de teorias e práticas contundentes, respondem que sim, que somos responsáveis uns pelos outros. A resposta moderna do guardar é o cuidar. Olhando o mundo sob este aspecto, podemos notar como nossas sociedades vivem e sobrevivem desenvolvendo grandes sistemas de cuidar; e lá onde eles falham ou são insuficientes, fica ameaçado o bem-estar das pessoas.

Neste mesmo instante temos instituições mundiais discutindo formas de chegar a acordos capazes de defender o bem da coletividade global para além dos interesses individuais e corporativos. E até mais do que isto, sobre todos nós, pesa a grande interrogação e urgente necessidade de cuidar do planeta, do ambiente e mundo em que existimos, e sem o qual todos entramos em colapso. Cuidar é preciso. Mas logo se vê como se trata de uma tarefa difícil e tão ambiguamente desempenhada.

Ao se deparar diante desse desafio Jesus foi buscar na figura do *pastor* a comparação para propor uma forma de cuidar: pressupõe um ser humano que tem o poder da inteligência, mas que se compromete e cuida de quem está desprotegido. Mas Jesus se deu conta também da ambiguidade que rodeia o cuidar e por isso não se referiu a qualquer tipo de pastor. Deixou claro que se referia a um *bom pastor*; não como os que se apresentam como tais, mas no fundo são simplesmente interesseiros e exploradores. Hoje, essa encruzilhada para o cuidar se tornou de certo modo até mais complexa, porque os recursos disponíveis para nos aproximarmos uns dos outros colocam em nossas mãos ao mesmo tempo possibilidades de cuidar ou de controlar e dominar. Jesus esclareceu que "o bom pastor dá a vida por suas ovelhas". Propôs desta forma como critério primeiro o bem do *outro*, na verdade o critério decisivo capaz de nos libertar de nossa própria escravidão diante dos nossos interesses.

Os quatro cenários evangélicos na introdução deste livro foram selecionados como norteadores das propostas de *pastoral escolar* aqui apresentadas. Na parábola do bom samaritano aparecem dois elementos fundamentais do cuidar pastoral proposto por Jesus: que seu ponto de partida é o dinamismo do amor que nos torna capazes de perceber as necessidades dos outros e criativamente nos fazer próximos de modo construtivo; e que esta solicitude pastoral não pode ser reduzida a uma confessionalidade fechada em si mesma, pois o chamado à solidariedade e à prática da bondade é para todos e não propriedade exclusiva de um grupo. Sob esta luz, a pastoral escolar ganha voo de liberdade para se abrir e somar, sem perder sua identidade confessional.

O segundo cenário, da tempestade no grande lago, sugere a consciência sobre o ambiente plural e muitas vezes adverso em que vivemos. Existem muitos fortes ventos contrários a uma educação integral, ao cultivo de valores éticos e religiosos, que se fazem desfavoráveis ao compromisso de mútua ajuda entre as pessoas, à partilha de nossas potencialidades subjetivas, às solidariedades e ajudas. Mas além desta oposição, há muitas vezes falta de clareza sobre os caminhos adequados em meio às transformações e novos tempos. Dois elementos básicos emergem como conclusão neste cenário: é preciso ter coesão de equipe na busca em comum, pensada, discutida, planejada e desenvolvida de modo participativo; mas esta ação de tentativas e buscas precisa se manter firme nos objetivos do serviço pastoral, para não ser dominada pelos ventos interesseiros que levam a explorar e não a cuidar. A esse ponto fica mais claro o papel de uma identidade cristã cuja fé fundamenta a confiança nas relações de amor e solidariedade como o caminho salvador para a vida de bem-estar e paz. E por isto enfrenta ventos contrários e ondas adversas.

O terceiro cenário coloca a pastoral escolar, com toda a escola, em meio a fortes competições e exigentes demandas de mercado, como que perguntando se não seria missão impossível sobreviver nesse meio com uma mentalidade participativa e solidária. A simbólica narrativa sobre a cura do leproso sugere que a pastoral escolar se empenhe decididamente na inclusão participativa das pessoas, somando suas potencialidades, desdobrando suas possibilidades de crescimento e juntando forças construtivas na superação de falhas e limitações individuais e grupais. O impulso necessário para estas práticas depende de um aprendizado interior que leve a reconhecer os laços que nos unem nas alegrias e tristezas, nas potencialidades e limitações. A pastoral escolar, por suas iniciativas e formas de atuar, deve propiciar este aprendizado sendo ela mesma um sinal claro de interesse pelo bem das pessoas, na busca de enfrentamento construtivo de problemas, na inclusão e participação interativa sobre os valores guias da vida.

O quarto cenário, a sugestiva e emblemática *multiplicação dos pães*, provoca a pastoral escolar a associar estreitamente os símbolos e valores religiosos às necessidades mais contundentes da vida real. Pouco serviria uma pastoral voltada apenas para os rituais e a simbólica religiosa, sem conexões com a vida real das pessoas. Os desafios de uma sociedade com tanto desenvolvimento tecnológico, tantos recursos de produção de bens, a capacidade científica de análise dos fenômenos e problemas, de construção de soluções e projeções de futuro, tudo isto constitui a relva sobre a qual nos assentamos hoje com nossas carências, inequidades, violências e sofrimentos, ou então com o vazio de sentidos de vida em meio à abundância. É fundamental que a pastoral escolar se situe dentro de tal cenário para prestar o serviço da provocação da partilha. Seja portadora do espírito que nos leve a reconhecer os recursos e os problemas que temos em comum em nossas relações e no ambiente em que vivemos. E especialmente seja provocadora das partilhas pequenas e maiores, para que aconteça o milagre da paz com dignidade e justiça em nossas sociedades.

As provocações sobre pastoral escolar reunidas neste livro são oferecidas para interagir com as muitas práticas na grande rede de escolas que a incluem entre suas instâncias de serviços. O aperfeiçoamento da pastoral escolar será fruto de um esforço conjunto, dentro das situações concretas de cada escola e de suas possibilidades. As sugestões e propostas desenhadas nesta obra podem igualmente ser melhoradas através de um intercâmbio de experiências e percepções provenientes dos diferentes contextos. Suas contribuições serão bem-vindas em momentos de encontros e eventualmente em publicações e notícias que possam ser disponibilizadas.

Referências e Indicações Bibliográficas

Apresentamos nesta listagem as fontes das obras citadas ao longo do texto e acrescentamos algumas poucas indicações a mais que nos pareceram sugestivas para um primeiro aprofundamento. Para quem desejar indicações ainda mais completas, entre tantos recursos atuais de busca em indexadores temáticos, sugerimos a seleção oferecida pelo Grupo de Pesquisa em Educação e Ensino Religioso <www.gper.com.br>, na qual se encontram indicações bibliográficas referentes ao ensino religioso e à pastoral escolar.

BAUMAN, Z. *Ética pós-moderna.* São Paulo: Paulus, 2006, 3ed.
BAUMAN, Z. *Amor Líquido* – Sobre a Fragilidade dos laços humanos, trad. Carlos Alberto Medeiros. Rio de Janeiro: Jorge Zahar, 2004.
BENSAUDE-Vincent. *Vertigens da tecnociência*, trad. José Luiz Cazarotto, 1ed, São Paulo: Ideias & Letras, 2013.
CELAM – EPISCOPADO LATINOAMERICANO. II Conferencia Episcopal Latinoamericana (Medellín) – Educación II, in: "Documentos Pastorales", La Florida: San Pablo, 1968.

CELAM – EPISCOPADO LATINOAMERICANO. III Conferencia Episcopal Latinoamericana (Puebla), in: "Documentos Pastorales". La Florida: San Pablo, 1979.

CELAM – EPISCOPADO LATINOAMERICANO. IV Conferência Geral do Episcopado Latino-Americano (Santo Domingo) "Nova Evangelização, Promoção Humana e Cultura Cristã", 1992.

CELAM – EPISCOPADO LATINOAMERICANO. V Conferência Geral do Episcopado Latino-Americano (Aparecida-SP) "Discípulos e Missionários de Jesus Cristo, para que nele nossos povos tenham vida", 2007.

CONCÍLIO VATICANO II. CONSTITUIÇÃO PASTORAL "GAUDIUM ET SPES", 1965.

CONCÍLIO VATICANO II. DECLARAÇÃO GRAVISSIMUM EDUCATIONIS, 1965.

CONFERÊNCIA NACIONAL DOS BISPOS DO BRASIL. Pastoral da Educação – Reflexões e Organização, Texto Base, Brasília: CNBB, 2001.

CONGREGAÇÃO DA EDUCAÇÃO CATÓLICA. A Escola Católica, Vaticano: Vaticano, 1977.

CONGREGAÇÃO DA EDUCAÇÃO CATÓLICA. Educar hoje e amanhã. Uma paixão que se renova. (Instrumentum laboris.) Vaticano: Libreria Vat., 2014.

CONGREGAÇÃO DA EDUCAÇÃO CATÓLICA. Carta circular n. 520/2009 aos Presidentes das Conferências Episcopais sobre o Ensino da Religião na Escola. Vaticano: Libreria Vat., 2009.

CONGREGAÇÃO DA EDUCAÇÃO CATÓLICA. Documento para os seminários e as instituições de estudo. "Educar juntos na escola católica: missão partilhada de pessoas consagradas e fiéis leigos." Vaticano: Libreria Vaticana, 2007.

CONGREGAZIONE PER L'EDUCAZIONE CATTOLICA. Educare al Dialogo Interculturale nella Scuola Cattolica. Vivere insieme per una civiltà dell'amore. Vaticano: Libreria Vaticana, 2013.

EINSTEIN, Albert. *Como vejo o mundo*, trad. H. P. de Andrade. Rio de Janeiro: Nova Fronteira, 1981.

ELIADE, Mircea. *O sagrado e o profano:* a essência das religiões, São Paulo: Martins Fontes, 1992.

FOUCAULT, M. *Arqueologia do saber*, trad. Luiz Felipe Baeta Neves, 7ed, Rio de Janeiro: Forense Universitária, 2008.

FRANCO, Clarissa de. *A cara da morte:* os sepultadores, o imaginário fúnebre e o universo onírico, Aparecida: Ideias & Letras, 2010.

FREIRE, Paulo. *A Escola*, Revista Nova Escola, n. 163, jun. 2003.

FREIRE, Paulo. *Pedagogia da autonomia*. Saberes necessários à prática educativa. Coleção Leitura, 2010.

FROMM, Erich. *A Arte de Amar*, trad. Eduardo Brandão. São Paulo: Martins Fontes, 2000.

GPER Grupo de Pesquisa em Educação e Ensino Religioso. Disponível em: www.gper.com.br

GRÜN, Anselm; REITZ, Petra. *Festas de Maria*. Guias para a vida. Um diálogo evangélico-católico. Aparecida: Santuário, 2009.

JONAS, Hans. *O Princípio Responsabilidade*. Petrópolis: Vozes, 2010.

JAPIASSU, H. *Ciências, questões impertinentes*. São Paulo: Ideias e Letras, 2011.

JUNQUEIRA, Sérgio. *Pastoral escolar*. Conquista de uma identidade, Petrópolis: Vozes, 2003.

KANT, I. *Crítica da Razão Pura*. Tradução de Alex Marins. São Paulo: Martin Claret, 2006.

LÜCK, Heloísa. *Gestão Educacional*. Uma questão paradigmática, Petrópolis, RJ: Vozes, 2006.

MESTERS, Carlos. *Paraíso Terrestre*. Saudade ou Esperança, 20ª ed., Petrópolis: Vozes, 2012.

MORIN, Edgar. *Os sete saberes necessários à educação do futuro*. Brasília: UNESCO; Cortez, 2000.

NEGRI, Antonio. *Cinco lições sobre "Império"*. Rio de Janeiro: DP&A, 2003.

OMS – Organização Mundial da Saúde, 2003.

ORTEGA Y GASSET, J. *Meditações do Quixote*, trad. Gilberto de Mello Kujawski, Livro Ibero Americano: São Paulo, 1967.
PANINI, Joaquim. *A Pastoral da Escola Católica*, Brasília: AEC, 1997.
PAPA FRANCISCO. *Evangelii Gaudium*. Exortação Apostólica. Vaticano: Libreria Ed. Vaticana, 2013. (Disponível no site do Vaticano.)
PASSOS, Décio (org). *Teologia pública*; reflexões sobre uma área de conhecimento e sua cidadania acadêmica. São Paulo: Paulinas, 2011.
POCHMANN, Márcio. *Desigualdade econômica no Brasil*. São Paulo: Ideias e Letras, 2015.
PONTIFICIA ACADEMIA MARIANA INTERNATIONALIS. La Madre del Signore, Memoria, presenza, speranza. Città del Vaticano: 2000.
POPPER, Karl. *A sociedade aberta e seus inimigos*. Belo Horizonte: Itatiaia, 1998 [1945].
PRIGOGINE, Ilya. *O fim das certezas*. São Paulo: Unesp, 1996.
ROY, Ana. *O beijo de Deus*. Brasília: CRB, 2010.
SCHNEEWIND, Jerome B. *A invenção da autonomia*. São Leopoldo-RS: UNISINOS, 2005.
SIEBLER, R. *Digitale Demenz*, Alemanha: Droemer, 2012.
SUESS, Paulo. *Dicionário da Evangelii Gaudium*. 50 Palavras-chave para uma leitura pastoral. São Paulo: Paulus 2015.

Sobre os Autores

Prof. Dr. Márcio Fabri dos Anjos
Doutor em Teologia, licenciado em Filosofia, especializado em Bioética. Professor de Teologia no Instituto São Paulo de Estudos Superiores (ITESP); docente do Programa de mestrado/doutorado em Bioética do Centro Universitário São Camilo (São Paulo); membro da Câmara Interdisciplinar de Bioética do Conselho de Medicina do Estado de São Paulo; ex-presidente da Sociedade Brasileira de Teologia e Ciências da Religião; assessor teológico da CRB – Conferência dos Religiosos do Brasil (1985-2012).

Prof. Dr. Sérgio Rogério Azevedo Junqueira
Pós-Doutor em Ciências da Religião, Doutor e Mestre em Ciências da Educação, graduação em Pedagogia e em Ciências Religiosas. Professor da Pontifícia Universidade Católica do Paraná no Curso e no Programa Mestrado de Teologia. Líder do Grupo de Pesquisa Educação e Religião (GPER). Editor da Revista Pistis & Práxis: Teologia Pastoral da PUCPR, membro do Conselho Editorial da Revista

Diálogo do Ensino Religioso; Professor Visitante da Universidad de La Salle de Bogotá (Colômbia) do Programa de Doutorado em Educação e Sociedade.

Prof. Mst. Sonia de Itoz

Mestre em Psicologia da Educação; Graduação em Filosofia e Teologia; Coordenadora de Ensino Religioso e Pastoral Escolar do Colégio Emilie de Villeneuve/SP; Consultora de Ensino Religioso e Pastoral Escolar da Rede Salesiana de escolas. Autora de artigos e livros de Ensino Religioso entre os quais "Adolescência e Sexualidade", "Filhos de Pais Separados", e vários cadernos de ensino religioso nas escolas.

Contato com os autores:
pastoralescolarmss@gmail.com